AF220684

Zurückhaltung

Über den Autor

Dr. rer. pol. Ulrich Schaefer studierte Volkswirtschaftslehre und promovierte mit einem Thema zur Nachfragekonzentration, das der angewandten Ökonometrie zugeordnet werden kann. Während dieser Zeit arbeitete er als Hochschulassistent. Danach begann er seine Karriere als Vorstandsassistent, übernahm Verantwortung im Auslandscontrolling und wechselte in den Personalbereich. Hier erlernte er Personalarbeit von der Pike auf, um dann im Laufe seiner vieljährigen Tätigkeit als Vice President HR und Arbeitsdirektor für vier internationale Konzerne HR-Management erfolgreich und zukunftsweisend zu gestalten und zu verantworten.

ulrich.dr.schaefer@web.de

DR. ULRICH SCHAEFER

Zurückhaltung

– Personalführung für Unternehmer und Manager –

Bibliografische Information der Deutschen Nationalbibliothek:
Die Deutsche Nationalbibliothek verzeichnet diese
Publikation in der Deutschen Nationalbibliografie; detaillierte
bibliografische Daten sind im Internet über
https://portal.dnb.de/ abrufbar.

© 2020 Dr. Ulrich Schaefer
Satz, Umschlaggestaltung, Herstellung und Verlag:
BoD – Books on Demand, Norderstedt

ISBN: 978-3-7519-6069-4

Für Yvonne, Julian und Kerstin

Inhalt

Einführung: Es ist nicht schwer

Unternehmen haben einen Unternehmenszweck, nämlich Güter und Dienstleistungen zu erstellen und anzubieten, die Bedürfnisse der Kunden[1] *zu befriedigen, und das zu einem vom Kunden akzeptierten Preis, sodass sich Angebot und Nachfrage treffen können.*

Mitarbeiter sind Erwachsene und keine Kinder.

Unternehmen haben keinen Erziehungs- und erst recht keinen Umerziehungsauftrag.

Unternehmen haben keinen Therapieauftrag.

Etwas überspitzt gesagt könnte das Buch hier enden, denn die vier vorstehenden Aussagen sind die Grundpfeiler einer erfolgreichen Personalführung. Wer sie beherzigt und die richtigen Rückschlüsse für seine Personalführung zieht, kann das Buch zuklappen.

Selbstverständlich möchte ich nicht, dass Ihr Lesen hier endet, im Gegenteil, ich hoffe, der Einstieg macht Sie neugierig auf meine Ergebnisse, die ich aus den Grundsätzen herleite. Dabei helfen mir insbesondere meine Beobachtungen und Erfahrungen, die ich während meiner langjährigen Tätigkeit als Vice President HR und Arbeitsdirektor bei vier »Champions des Mittelstandes« gesammelt habe. Das, was ich darlege, habe ich nicht nur theoretisch durchdacht, sondern umgesetzt und verantwortet. Dabei hatte ich genügend Freiraum, denn die Unternehmen waren konzernfreie Aktiengesellschaften, deren Mitarbeiterzahlen zwischen 2.000 und 8.000 lagen und die auf ihren relevanten Märkten gegenüber jedem Wettbewerber konkurrenzfähig waren. Sie bildeten mit ihren Tochtergesellschaften weltweit agierende Konzerne mit Exportquoten von 30 bis 90 Prozent; Internationalität war daher kein Fremdwort, sondern wurde großgeschrieben.

Das Buch beschäftigt sich mit Personalführung im generellen Sinn. Sie treffen Fragestellungen an wie: »Welche Führungsinstrumente sollten in einem Unternehmen angewandt werden?«, »Welche Führungsaufgaben sollten Unternehmer und Manager übernehmen?«, »Welche Führungsaufgaben sollten sie so schnell wie möglich abschaffen?«

Der modernen Personalführung sollte der Gedanke zugrunde liegen, sie einfach, nachvollziehbar und umsetzbar zu gestalten, und das heißt, wie ich zeigen werde, mit einem Wort: *zurückhaltend*.

Der Buchtext wird durch zwei Fallbeispiele unterbrochen. Das ist für ein Sachbuch eher ungewöhnlich, dennoch beabsichtigt, um das Buch durch Abwechslung noch interessanter zu gestalten und Ihnen dessen Inhalt auch aus einer anderen Perspektive zu veranschaulichen. An dieser Stelle sei Folgendes verraten: Es handelt sich zum einen um einen über viele

Jahre erfolgreichen Handwerksbetrieb, dessen einfache Struktur die ideale Bühne zur Darstellung von Problemen und Lösungen ist. Aufgrund nur eines Fehlers wird er allerdings das Ende dieses Buches nicht erleben. Zum anderen begegnet uns ein Champion des Mittelstandes, der mit 3.500 Mitarbeitern weltweit tätig ist und auf eine sehr erfolgreiche Vergangenheit bis 1995 zurückblickt. Danach sieht es anders aus. Es scheint, als hätte das Unternehmen die besten Jahre hinter sich. Massive Fehler des Managements münden in einer schweren Krise, die kaum überwunden werden kann.

Die Fallstudien sind wie kleine Geschichten geschrieben, mit Menschen aus »Fleisch und Blut«. Das ist unkonventionell, passt aber zu einem Buch wie diesem, in dem Menschliches im Mittelpunkt steht, sehr gut. Es ist ein Experiment! Sollte es Ihnen nicht gefallen, überschlagen Sie die Passagen mit den Fallstudien einfach. Die Erkenntnisse aus dem Buch bleiben im Grundsatz erhalten; Ihnen fehlt nur ein Blickwinkel.

Wie bereits bei meinem ersten Buch [2] habe ich mich bei der Formulierung des vorliegenden Werkes erneut von der Idee leiten lassen, dass ein Sachbuch für Unternehmer und Manager auf das Wesentliche reduziert sein muss, denn Zeit ist ein knappes Gut. Daher ist es wie ein Extrakt aus Führungswissen und -erfahrung, eben kurz und bündig.

Ich wünsche Ihnen gute Erkenntnisse beim Lesen und viel Erfolg bei der Umsetzung.

1 Grundsätze

1.1 Erfolgreiche Unternehmen ...

... sind ein gesellschaftlicher Segen in vielerlei Hinsicht. Sie schaffen und bewahren sichere und gut dotierte Arbeitsplätze und bieten überdurchschnittliche Aufstiegschancen. Hohe thesaurierte oder ausgeschüttete Gewinne erfreuen die Eigentümer, sprudelnde direkte und indirekte Steuern den Staat, Einkäufe und deren pünktliche Bezahlung die Zulieferer. Neben diesen »Hauptprofiteuren« kommen im Einzelfall weitere Akteure hinzu, die durch den Erfolg des Unternehmens bessergestellt werden.

Das alles ist allerdings nicht der Unternehmenszweck und rechtfertigt auch nicht die Existenz von Unternehmen, die sich im Rahmen von Recht und Ordnung frei und eigenverantwortlich bewegen können. Der Unternehmenszweck liegt vielmehr in der Befriedigung von Kundenbedürfnissen, indem Güter erstellt beziehungsweise Dienstleistungen erbracht werden, die die Kunden aufgrund ihrer freien Entscheidungen haben möchten, und das zu einem Preis, den sie bereit sind, zu zahlen [3]. Kunden sehen in der Regel nur das Produkt und den dazugehörigen Preis. Sie haben häufig keine weiteren Informationen über das anbietende Unternehmen, und die benötigen sie auch nicht für ihre Kaufentscheidung. Für sie zählen die Ergebnisse des unternehmerischen Handelns, also das Produkt mit seinen Eigenschaften und seiner Qualität und selbstverständlich der Preis, den das Unternehmen dafür fordert. Verkürzt gesagt, Kunden interessiert der Output. Die freie, aber auch die soziale Marktwirtschaft ist im Kern rein outputgesteuert. Und damit kommen wir zum ersten Leitsatz zeitgemäßer Personalführung:

Die moderne Personalführung konzentriert sich auf die Ergebnisse (Output) der Mitarbeiter, denn deren Summe ergibt letztendlich das Produkt (Unternehmensoutput) für den Kunden.

Diesen ersten Leitsatz werden Sie wahrscheinlich unterzeichnen, aber auch dessen Implikationen, die zum Beispiel heißen: Abschaffung der Zeiterfassung als Steuerungs- und Beurteilungsinstrument [4] und Wegfall jedweder Motivierung von Mitarbeitern, insbesondere durch Leistungsvergütungen? Das klingt radikal und ist es auch. Aber es ist zwingend erforderlich für das langfristige Überleben Ihres Unternehmens, denn glauben Sie ernsthaft, die Kaufentscheidung des Kunden hängt von Anwesenheitszeit und Leistungsvergütung ab? Natürlich nicht, aber dann sind alle Führungsanstrengungen in Richtung Zeit und Motivierung überflüssig, sogar kontraproduktiv, wie noch zu zeigen sein wird.

Der Kunde kauft Ergebnis, keinen Input!

Die bisher dargestellte Konstruktion ist unvollständig und suboptimal, nicht für die oben aufgeführten Stakeholder, aber für das volkswirtschaftliche Gemein-wohl. Es fehlt der Wettbewerb. Er sorgt dafür, dass Unternehmen nicht mit überhöhten Preisen [5] Mono-polrenten einfahren, die sie zwar aus Sicht von Anteils-eignern, Arbeitnehmern und Gewerkschaften, Staat und Zulieferern erfolgreich, weil ertragsstark, machen, dies aber zulasten des Kunden. Das widerspricht dem Unternehmenszweck und ist gesellschaftlich nicht ge-wollt, zumal ohne Wettbewerb die Innovationskraft zu-rückgeht und der technische Fortschritt erlahmt.

Deshalb: Wettbewerb muss sein. Er ist allerdings, zu-mindest in der Wirtschaft, sehr unbequem, stellt er doch den Unternehmen immer und immer wieder die Überlebensfrage. Wirtschaftlicher Wettbewerb hat nichts mit sportlichem Kräftemessen zu tun, an des-sen Ende man sich die Hände schüttelt und seiner Wege geht. Wirtschaftlicher Wettbewerb heißt, wenn ein Unternehmen keine adäquate Leistung erbringt, geht es vom Markt. Diese Konsequenz gilt auf dem Zeitstrahl immer; man kann sich also nicht auf den Lorbeeren der Vergangenheit, sind sie auch noch so groß, ausruhen [6]. Daraus folgt der zweite Leitsatz zur Personalführung:

Die moderne Personalführung sorgt dafür, dass ein Unternehmen über genügend qualifizierte Mitarbeiter verfügt, die einen positiven Beitrag zum Überleben des Unternehmens leisten, und dass Mitarbeiter aus-scheiden, die den Überlebenskampf des Unterneh-mens nicht unterstützen.

Gerade Letzteres mag brutal klingen, ist aber die Logik einer marktwirtschaftlichen Ordnung, für die wir uns im Sinne unseres Wohlstandes, aber auch als wirtschaftliches Spiegelbild einer freiheitlichen Gesellschaftsordnung entschieden haben. Das Wohlergehen des Kunden ist das Ziel, nicht das der Eigentümer und Arbeitnehmer.

1.2 Existieren Unternehmen?

»Ja selbstverständlich«, werden Sie sagen. Dann sage ich: »Nein, sie existieren nicht!« Wer letztendlich recht hat, hat eher akademischen Reiz, die Schlussfolgerungen für die Ausrichtung einer erfolgreichen Personalführung hingegen nicht. Um das zu erläutern, muss ich etwas ausholen.

Primaten leben in Gruppen, kommunizieren und sind soziale Wesen. Die Gruppenmitglieder kennen sich, sind häufig miteinander verwandt. Das ist der »Kitt« für die Gruppe, der aber gleichzeitig die Gruppengröße determiniert; wird die Gruppe zu umfangreich und damit Verwandtschaft zu weitläufig, spaltet sich die Gruppe auf, um wieder einen besseren Zusammenhalt zu erlangen. Je nach Primat liegt die maximale Gruppengröße bei 50 bis 100 Mitgliedern. Durch eine ausgefeilte und nuancierte Kommunikation, die Klatsch und Tratsch ermöglicht [7], steigt die Zahl der Gruppenmitglieder auf höchstens 150. Demnach wäre die Mitarbeiterzahl eines Unternehmens auf 150 begrenzt. Dass dem nicht so ist, wissen wir alle.

Die meisten Unternehmen, insbesondere wenn sie zehn oder mehr Beschäftigte haben, sind heute juristische Personen. Ihre Gründung erfolgt per Vertrag mit notariellem Siegel und der Eintragung ins Handelsregister. Das ist die abstrakte Geburtsstunde des Unternehmens, nicht aber die reale, denn seine Realität wird definiert durch Menschen, die als Organe oder Mitarbeiter das Unternehmen vertreten beziehungsweise für das Unternehmen arbeiten, ebenso durch Maschinen, Gebäude, Transportmittel etc., die im Besitz des Unternehmens sind. Das Unternehmen kann nicht selbst agieren, es lässt über seine Organe und Bevollmächtigten handeln. Es kann Rechte innehaben, Verpflichtungen eingehen oder auch bestraft werden.

Das Wichtigste aber ist, es kann Klammer (Zusammenhalt) sein für im Einzelfall viele 10.000 Mitarbeiter. Es ermöglicht eine Zusammenarbeit von sich fremden Menschen, die häufig räumlich getrennt und über Zeitzonen verteilt sind und völlig verschiedenen Kulturen angehören [8].

Grundlage für diese »Klammerfunktion« des Unternehmens ist die Fähigkeit des Menschen, abstrakt zu denken und zu kommunizieren. Der Begriff Unternehmen wurde »erfunden« und damit konnte er Gegenstand unserer (abstrakten) Kommunikation werden. Das Unternehmen wird damit Teil unseres Gedankengutes. Das geht so weit, dass der Mensch bereit ist, mit dem Unternehmen Verträge abzuschließen und für das Unternehmen zu arbeiten. Die Gedankenwelt der Menschen lässt Unternehmen für diese zur (abstrakten) Realität werden [9] [10].

Wie ausgeprägt der Zusammenhalt in einem Unternehmen ist – und damit seine Fähigkeit zu Größe und Zusammenarbeit – hängt von der Identifikation der Mitarbeiter mit dem Unternehmen und seinem Zweck ab; je höher die Identifikation, desto besser der Zusammenhalt.

Identifikation fällt nicht vom Himmel. Zwei entscheidende Stellhebel sind die Produkte und strategischen Ziele. Im günstigsten Fall sind die Mitarbeiter stolz auf die Produkte des Unternehmens. Und das geht prinzipiell mit jeder Art von Produkten, also mit Panzern genauso wie mit Lebensmitteln, Fahrrädern, Textilien oder Versicherungen. Wer Panzer verabscheut, wird nicht in der Rüstungsindustrie arbeiten, wer in ihnen ein probates Mittel zur Selbstverteidigung und Abschreckung und damit zur Friedenssicherung sieht, dem mag die Identifikation durchaus gelingen. Voraussetzung für eine hohe Identifikation ist nicht die Art des Produktes, es ist vielmehr der Wissensstand über das Produkt, die Qualität, die Konkurrenzfähigkeit und der Erfolg des Produktes sowie die Nähe des Mitarbeiters zum Produkt. Daraus ergibt sich Leitsatz drei einer fortschrittlichen Personalführung:

Unternehmer und Topmanager sorgen für eine Or-
ganisation, deren Ergebnis die unmittelbare oder zu-
mindest sehr nahe Arbeit möglichst vieler Mitarbeiter
am Produkt inklusive dessen Entwicklung und Ver-
marktung ist. Sie sorgen für Informationen an alle
Mitarbeiter bezüglich der Art des Produktes, seines
Erfolges und seiner Qualität, neuer Entwicklungen und
seiner Konkurrenzfähigkeit auf allgemein verständli-
che Weise, und das mit wenigen Zahlen.

Mitarbeiter möchten wissen, wo die Reise hingeht, wo-
für sie sich engagieren. Hierzu dienen Informationen
über die strategischen Ziele des Unternehmens. Leitsatz vier lautet daher:

Unternehmer und Organe informieren gut verständlich
und ohne oder zumindest mit wenigen Zahlen über die
strategischen Ziele des Unternehmens.

Ich spreche mit den Leitsätzen drei und vier speziell
Unternehmer und Organe an, weil sie über die Macht
und die Informationen verfügen, die beiden Leitsätze
umsetzen zu können. Informationen und Ziele sollten
so nah wie möglich am Unternehmenszweck angesiedelt sein, und das ohne Umwege über Zahlen. Sich
mit Zahlen zu identifizieren, fällt vielen Mitarbeitern
schwer, zumal sie in der Regel betriebswirtschaftliche
Größen wiedergeben, die noch lange nicht jedem Mitarbeiter geläufig sind. Hinzu kommt, dass sie nicht der
Zweck des Unternehmens sind, sondern die Folge der
Zweckerfüllung, sprich des wirtschaftlichen Handelns.

Je besser die Kundenwünsche erfüllt werden, umso erfolgreicher ist ein Unternehmen, nicht umgekehrt. Das wissen und spüren Mitarbeiter intuitiv. Deshalb gelingt die Identifikation deutlich besser über den Unternehmenszweck als über die wirtschaftlichen Resultate seiner Erfüllung (Gewinn vor und nach Steuern, Gewinn pro Aktie, Unternehmenswert, Aktienkurs, Dividende, Umsatz etc.). Zudem sollten Zielformulierungen keine Plattitüden enthalten. »Wir wollen die Größten und Besten sein!« hilft bei der Umsetzung der Leitsätze drei und vier nicht, ganz im Gegenteil. Eine produktnahe Organisation mit entsprechenden Informationen und strategischen Zielen zu entwickeln und an die Mitarbeiter in geeigneter Weise heranzutragen ist nicht einfach und bedarf einer Vielzahl von Unternehmer- bzw. Geschäftsleitungssitzungen. Doch es lohnt sich, denn Sie erhalten einen nur schwer zu imitierenden, aber hochwirksamen Wettbewerbsvorteil, auch wenn es sich »nur« um einen vermeintlich »weichen Vorteil« handelt: die intakte Klammer zwischen Unternehmen und Mitarbeitern.

1.3 Der Mitarbeiter ist erwachsen, wenn man es fordert

Menschen leben in einer komplexen Welt, in der sie sehr verschiedene Rollen spielen. Sie sind zum Beispiel Mitarbeiter, Ehepartner, Eltern, Vereinsmitglieder, Politiker, Sportler, Autofahrer, Bücherwürmer und vieles mehr. Verhalten sie sich wie Erwachsene, wenn sie die an sie herangetragenen Rollen übernehmen? Ja und nein: Wird in der jeweiligen Rolle das Verhalten eines Erwachsenen verlangt, in der Regel ja; wird eher kindliches Verhalten erwartet, dann wahrscheinlich nein. Auf unser Thema Personalführung angewandt bedeutet dies, dass wenn das Unternehmen Erwachsensein erwartet, fordert und ermöglicht, wird es das von seinen Mitarbeitern ganz überwiegend bekommen; wird hingegen das Befolgen von Regeln und Anordnungen, ohne zu denken, ohne Entscheidungen zu treffen und ohne Verantwortung zu übernehmen, positiv sanktioniert, hat man Mitarbeiter, die aufgrund ihres Alters zwar erwachsen aussehen, sich aber kindlich verhalten.

Menschen mögen die Freiheit, sie sind »Freiheitswesen« [11]. Gibt man ihnen Freiräume, werden sie diese voraussichtlich verantwortungsbewusst und vernünftig nutzen. Ohne Freiräume sind Initiative, Innovation und Engagement nicht zu erwarten. Wer Freiheit gibt, hat gute Chancen, Erwachsene an Bord zu haben. Leitsatz fünf lautet daher:

Die moderne Personalführung verzichtet so weit wie möglich auf Regeln.

Um es konkret zu machen: Lieb gewonnene Themen wie institutionalisierte Feedbacks, Zielerreichungsgespräche oder Positionsbeschreibungen haben keinen Platz in einer Organisation des Erwachsenseins. Im

Übrigen leistet die Reduktion von Vorschriften einen wesentlichen Beitrag im Kampf gegen Bürokratie, der mehr und mehr zum Überlebenskampf für Unternehmen wird. Wer das Regeldickicht konsequent zurückschneidet, erlangt neue Bewegungsfreiheit in der Organisation.

Freiheit und Verantwortung gehören zusammen. Wer Freiheit will, muss Verantwortung übernehmen. Das liegt nicht jedem, insbesondere, wenn Misserfolge auftreten. Wie sagt man so treffend? »Erfolge haben viele Väter, Misserfolge keine.« Ein Unternehmen muss damit leben, dass nicht jeder Mitarbeiter in gleichem Umfang Verantwortung tragen möchte und kann. Es kommt deshalb darauf an, einen Gleichklang zwischen Freiraum und Verantwortungsbewusstsein durchzusetzen und Mitarbeitern entsprechend passende Arbeitsplätze anzubieten, gegebenenfalls ganz bewusst mit weniger Freiraum und Verantwortung, denn diese gibt es in einer arbeitsteiligen Organisation selbstverständlich auch.

Freiheit führt unweigerlich zu Ungleichheit. Menschen sind nicht gleich, sondern Unikate [12]. Sie unterscheiden sich im Hinblick auf Persönlichkeit, Charakter, Körperbau, Fähigkeiten, Erziehung, Kulturkreis etc. Gibt man ihnen Freiheit, entwickeln sie sich sehr unterschiedlich, sowohl was Richtung als auch Erfolg angeht. Das Ergebnis ist Ungleichheit. Leitsatz sechs lautet:

Die moderne Personalführung verwischt Ungleich-
heit nicht durch Gleichmacherei, sondern lässt Unter-
schiede zu, indem sie bewusst differenziert und Indivi-
dualität in den Vordergrund rückt. Gerechtigkeit heißt,
mit diesem Verständnis Gleiches gleich und Unglei-
ches ungleich zu behandeln.

Die Unterschiede der Mitarbeiter sind die wahre »Diversity«, die ein Unternehmen unbedingt benötigt.
Nur so sind die vielfältigen Arbeitsplätze adäquat zu
besetzen. Nur so gibt es gegenseitige Ergänzung,
Hilfe und Bereicherung. Diese Form der Diversity sichert die Existenz des Unternehmens und ist uralt. In
den Personalabteilungen landauf und landab geistert
allerdings aktuell ein anderer Diversity-Inhalt durch
die Büros. Diversity wird hier gleichgestellt mit Ge-
schlechterquoten, Ausländeranteil und Kulturvielfalt.
Diese Interpretation ist für die Betroffenen zutiefst diskriminierend, denn welche erfolgreiche Frau möchte
Quotenfrau und welcher erfolgreiche Asiate möchte
Mitglied der Asiatenquote sein? Daraus folgt Leitsatz
sieben:

Die erfolgreiche Personalführung respektiert und be-
rücksichtigt die menschlichen Unterschiede der Mit-
arbeiter und setzt die Beschäftigten entsprechend
ihren Begabungen, Erfahrungen und Fähigkeiten ein.
Sie entscheidet strikt sachbezogen und bleibt neutral.
Sie vermeidet jedwede »Quotenregelung«, um betroffe-
fene Mitarbeiter und Mitarbeitergruppen nicht zu dis-
kriminieren.

1.4 Keine Erziehung

Menschen vertreten ihre eigenen Interessen (welche auch sonst?). Das gilt sowohl für Kinder als auch für Erwachsene, mit dem Unterschied, dass Erwachsene aufgrund ihrer Erfahrung, Erziehung und Bildung die Folgen ihres Handelns besser abschätzen und bewerten können als Kinder. Deshalb werden Kinder erzogen, Erwachsene nicht.

Mitarbeiter sind erwachsen, sie brauchen keine Erziehung. Wer das nicht anerkennt, dem fehlt es an Respekt vor den Mitarbeitern. Wenn sich jemand bei einem Unternehmen bewirbt, geschieht dies aus freien Stücken. Der Bewerber verfolgt seine Interessen, das Unternehmen selbstverständlich umgekehrt auch. Kommen beide ohne Zwang und »Vitamin B« zusammen, werden die gegenseitigen Interessen gewahrt und es kommt im besten Sinne zu deren Ausgleich in Form eines Vertrages, der den Leistungsaustausch definiert. Wenn Bewerber und Unternehmen nicht täuschen, kann die Zusammenarbeit unbeschwert starten.

Der Interessenausgleich endet nicht mit der Einstellung, er beginnt vielmehr und muss bis zum Austritt immer wieder neu austariert werden. Dazu gehört von Unternehmensseite insbesondere die Schaffung aller Voraussetzungen, damit der Mitarbeiter seine Aufgabe erfüllen kann. Leitsatz acht lautet:

Die erfolgreiche Personalführung sieht eine ihrer Hauptaufgaben in der Bereitstellung moderner Arbeitsplätze inklusive aller notwendigen Sach- und Betriebsmittel, der erforderlichen Informationen mit Kommunikationsmitteln und -schnittstellen und der sachorientierten Aus- und Weiterbildung einschließlich des Fachaustausches, damit Mitarbeiter sehr gute Ergebnisse erzielen können.

Leitsatz neun ergänzt:

Bürokratie wird von Mitarbeitern ferngehalten, damit sie sich ihren Aufgaben widmen können.

Die Leitsätze acht und neun setzen den Willen des Managements voraus, sich sehr stark um die Belange der Mitarbeiter zu kümmern. Ich möchte so weit gehen, zu sagen, es sollte Dienstleister für die Mitarbeiter sein, damit der Unternehmenszweck vollumfänglich erfüllt werden kann. Das bedeutet ein Stück weit ein neues Rollenverständnis für das Management. Leitsatz neun gelingt im Übrigen nur, wenn Vertrauen so weit es geht Kontrolle ersetzt. Da, wo Kontrollen zur Erfüllung des Unternehmenszwecks unverzichtbar sind, zum Beispiel beim Endprodukt, können und sollen sie selbstverständlich nicht durch Vertrauen substituiert werden. Ernst gemeintes Vertrauen bedeutet aber, in der Regel auf mehr als die Hälfte der Kontrollen zu verzichten und/oder ihren Umfang und ihre Komplexität deutlich zu reduzieren.

Nicht jeder hat das Glück, sein Hobby zum Beruf machen zu können. Im Arbeitsalltag gibt es Höhen und Tiefen, Ärger, Termindruck, ungeliebte Routinen usw. Es gibt nicht nur Momente der Arbeitsfreude, sondern auch der Arbeitslast. Mitarbeiter sind robust, sie wissen, dass im Leben nicht nur die Sonne scheint; man muss ihnen deshalb die Arbeitslast nicht abnehmen, solange die Freude die Last übersteigt. Und hier hilft der monatliche »Gehaltsscheck« nicht. Es geht vielmehr darum, den Mitarbeiter zum Erfolg zu führen. Leitsatz zehn heißt:

Die moderne Personalführung schafft Voraussetzungen für den Erfolg der Mitarbeiter.

Erfolg ist von sehr unterschiedlicher Natur [13]. Ich unterscheide den kollektiven Unternehmenserfolg, den individuellen großen, langfristigen Erfolg und den individuellen kleinen täglichen Erfolg. Letzterer ist weniger geläufig, deshalb einige Sätze zur Erläuterung. Es geht um den Erfolg durch erledigte Arbeit. Das Werk ist vollbracht, ich kann unbeschwert nach Hause gehen. Der Erfolg ist kurzfristig und wiederkehrend, im günstigsten Fall ein ständiger Begleiter. Er sorgt dafür, dass die Arbeit Spaß macht, weil man sie im Griff hat. Der Mühlstein unerledigter Aufgaben, der einen in die Tiefe zieht, fehlt. Diese Form des Erfolges erreicht man durch die richtige Dosierung und Verteilung von Arbeit. Maßstab ist dabei ein erfahrener und guter Mitarbeiter. Nicht auf jedem Arbeitsplatz lässt sich täglicher Erfolg realisieren, da Tätigkeiten selbstverständlich auch mehr Zeit als einen Tag in Anspruch nehmen können.

Die zehn bislang vorgestellten Leitsätze nehmen in erster Linie die Führungskräfte in die Pflicht. Da liegt die Frage nahe: Und was machen die Mitarbeiter? Was ist ihr Beitrag zum Ausgleich der Interessen zwischen Unternehmen und Mitarbeitern? Das Produkt, und zwar in der richtigen Qualität und Quantität, denn das liegt in der alleinigen Verantwortung der Mitarbeiter. Das Unternehmen schafft die Voraussetzungen, die Mitarbeiter das Produkt [14].

Mit den ersten zehn Leitsätzen betritt man die Erwachsenenwelt, in der zum Beispiel Mitarbeitermotivierung, Incentives und variable Vergütungen keinen Platz haben [15] ..., eben keine Erziehung!

1.5 Keine Therapie

Mitarbeiter kommen »fertig« ins Unternehmen. Ob der Körperbau kräftig oder feingliedrig, die Fein- oder eher die Grobmotorik ausgeprägt, der Geist schnell oder langsam ist, liegt im Grundsatz fest. Auch Ausrichtung und Umfang der Intelligenz, des Ehrgeizes, des Verantwortungsbewusstseins, der Zuverlässigkeit, der Offen- oder Verschlossenheit, der Neugierde, all diese Persönlichkeitsmerkmale sind vorhanden und in ihren Grundzügen und ihrem Wechselspiel weitestgehend determiniert. Sie bestimmen ganz entscheidend das Wesen des Mitarbeiters. Das Unternehmen sollte, aus meiner Sicht möchte ich noch härter formulieren, das Unternehmen *darf* das Wesen und die Persönlichkeit des Mitarbeiters nicht ändern, nicht therapieren.

Menschliche Ausrichtungen lassen sich nur mit sehr viel Zeit, Aufwand und im Ergebnis bescheidenem Erfolg ändern. Man macht aus einem Legastheniker keinen Germanisten, aus einem mathematisch durchschnittlich Begabten keinen Mathematiker und aus einem motorisch ungelenken Menschen keinen Leistungsturner. Ich denke, hier gibt es keinen Dissens. Natürlich gibt es Veränderungen: langfristig zum Beispiel durch das Altern, schneller und weitreichender durch Training und Übung, allerdings nicht gegen, sondern mit Ausrichtung auf Veranlagung und Talent. Das ist Erfolg versprechend und effizient. Leitsatz elf lautet daher:

Die moderne Personalarbeit betreibt keine Personalentwicklung, sondern hilft den Mitarbeitern bei ihrer Persönlichkeitsentfaltung, nicht irgendwohin, sondern orientiert an den Veranlagungen der Mitarbeiter und den Bedürfnissen des Unternehmens, damit eine »Win-win-Situation« entsteht.

Lassen Sie es mich noch einmal dezidiert formulieren: Die Persönlichkeitsentfaltung fördert ausschließlich Stärken; die Personalentwicklung zielt zwar untergeordnet auch darauf ab, konzentriert sich in der Praxis aber überwiegend auf die Verringerung von Schwächen [16]. Persönlichkeitsentfaltung heißt »voran«, Personalentwicklung »erfolglose Reparatur«.

Weiter oben hatte ich bereits auf die Notwendigkeit der Vielfalt bei den Mitarbeitern verwiesen. Die Arbeitsplätze stellen sehr unterschiedliche Anforderungen, die sich nur mit differierenden Talenten und Veranlagungen erfüllen lassen. Mitarbeiter müssen daher nicht auf einen Durchschnitt hin therapiert werden, ganz im Gegenteil:

Die erfolgreiche Personalarbeit besetzt Positionen mit den »richtigen« Mitarbeitern, indem sie für Beschäftigte die »richtigen« Stellen sucht (Leitsatz zwölf).

Im Kern geht es darum, Recruiting nicht als vorwiegend externen, sondern als internen, fortwährenden Prozess zu verstehen, zu organisieren und umzusetzen. Voraussetzung ist ein gutes Wissen über und eine treffsichere Einschätzung von Charaktere, Fähigkeiten und Vorstellungen der Mitarbeiter, um ihr Fortkommen zu fördern und passende Positionen anbieten zu können. Grundlage hierfür sind wiederkehrende Gespräche und Arbeitserfahrungen mit den Mitarbeitern. Stellen werden proaktiv besetzt, Probleme im Vorfeld gelöst; der schulische und universitäre Nachwuchs erhält den Vorzug und damit »seine Chance« bei externen Einstellungen.

2 Grundsätze und Leitsätze im Überblick

Unternehmen haben einen Unternehmenszweck, nämlich Güter und Dienstleistungen zu erstellen und anzubieten, die Bedürfnisse der Kunden zu befriedigen, und das zu einem vom Kunden akzeptierten Preis, sodass sich Angebot und Nachfrage treffen können.

Leitsatz eins
Die moderne Personalführung konzentriert sich auf die Ergebnisse (Output) der Mitarbeiter, denn deren Summe ergibt letztendlich das Produkt (Unternehmensoutput) für den Kunden.

Leitsatz zwei
Die moderne Personalführung sorgt dafür, dass ein Unternehmen über genügend qualifizierte Mitarbeiter verfügt, die einen positiven Beitrag zum Überleben des Unternehmens leisten, und dass Mitarbeiter ausscheiden, die den Überlebenskampf des Unternehmens nicht unterstützen.

Leitsatz drei
Unternehmer und Topmanager sorgen für eine Organisation, deren Ergebnis die unmittelbare oder zumindest sehr nahe Arbeit möglichst vieler Mitarbeiter am Produkt inklusive dessen Entwicklung und Vermarktung ist. Sie sorgen für Informationen an alle

Mitarbeiter bezüglich der Art des Produktes, seines Erfolges und seiner Qualität, neuer Entwicklungen und seiner Konkurrenzfähigkeit auf allgemein verständliche Weise, und das mit wenigen Zahlen.

Leitsatz vier
Unternehmer und Organe informieren gut verständlich und ohne oder zumindest mit wenigen Zahlen über die strategischen Ziele des Unternehmens.

Mitarbeiter sind Erwachsene und keine Kinder.

Leitsatz fünf
Die moderne Personalführung verzichtet so weit wie möglich auf Regeln.

Leitsatz sechs
Die moderne Personalführung verwischt Ungleichheit nicht durch Gleichmacherei, sondern lässt Unterschiede zu, indem sie bewusst differenziert und Individualität in den Vordergrund rückt. Gerechtigkeit heißt, mit diesem Verständnis Gleiches gleich und Ungleiches ungleich zu behandeln.

Leitsatz sieben
Die erfolgreiche Personalführung respektiert und berücksichtigt die menschlichen Unterschiede der Mitarbeiter und setzt die Beschäftigten entsprechend ihren Begabungen, Erfahrungen und Fähigkeiten ein. Sie entscheidet strikt sachbezogen und bleibt neutral. Sie vermeidet jedwede »Quotenregelung«, um betrof-

fene Mitarbeiter und Mitarbeitergruppen nicht zu diskriminieren.

**Unternehmen haben keinen Erziehungs- und erst
recht keinen Umerziehungsauftrag.**

Leitsatz acht
*Die erfolgreiche Personalführung sieht eine ihrer
Hauptaufgaben in der Bereitstellung moderner Ar-
beitsplätze inklusive aller notwendigen Sach- und
Betriebsmittel, der erforderlichen Informationen mit
Kommunikationsmitteln und -schnittstellen und der
sachorientierten Aus- und Weiterbildung einschließ-
lich des Fachaustausches, damit Mitarbeiter sehr gute
Ergebnisse erzielen können.*

Leitsatz neun
*Bürokratie wird von Mitarbeitern ferngehalten, damit
sie sich ihren Aufgaben widmen können.*

Leitsatz zehn
*Die moderne Personalführung schafft Voraussetzun-
gen für den Erfolg der Mitarbeiter.*

Unternehmen haben keinen Therapieauftrag

Leitsatz elf
*Die moderne Personalarbeit betreibt keine Personal-
entwicklung, sondern hilft den Mitarbeitern bei ihrer
Persönlichkeitsentfaltung, nicht irgendwohin, sondern
orientiert an den Veranlagungen der Mitarbeiter und*

den Bedürfnissen des Unternehmens, damit eine »Win-win-Situation« entsteht.

Leitsatz zwölf
Die erfolgreiche Personalarbeit besetzt Positionen mit den »richtigen« Mitarbeitern, indem sie für Beschäftigte die »richtigen« Stellen sucht.

3 Abwechslung: zwei Fallstudien (erster Teil)

3.1 Eins

Hartmut, 48 Jahre, verheiratet, drei schulpflichtige Kinder, ist ein erfahrener, sehr guter Handwerksmeister mit aktuellem Fachwissen. Er führt seit vierzehn Jahren einen eigenen Handwerksbetrieb [16] mit einem Personalstand während der letzten sieben Jahre von fünf Gesellen und einem Auszubildenden.

Der Handwerksbetrieb produziert nicht. Die Leistungen werden auf Baustellen erbracht, Materialien direkt dorthin geliefert. In Firmenwagen sind Werkzeuge und Hilfsstoffe verbracht. Vor diesem Hintergrund kommt Hartmut mit einem großen Raum in seinem Privathaus als Standort/Büro des Betriebes aus.

Hartmut ist ein Könner. Er ist in der Lage, komplexe Projekte termingerecht und innerhalb der Kalkulation auch gegen Schwierigkeiten sicher zu Ende zu bringen. Er kann Aufgaben, Projekte und die Fähigkeiten seiner Mitarbeiter sehr gut einschätzen und entsprechend in Einklang bringen. Er nimmt nicht zu viele Aufträge an, lässt keine Baustelle verhungern und liefert hervorragende Qualität; entsprechend ist der Ruf seines Unternehmens. Er arbeitet zeitweise auf Baustellen »mit«; seine Hauptaufgaben bestehen allerdings in der Auftragsakquisition, Kalkulation, Beschaffung,

Rechnungslegung. Juristische Themen, die Buchhaltung, Gehaltsabrechnung, der Jahresabschluss und die Steuern sind fremd vergeben. Seine Ehefrau hilft stundenweise im Büro aus. Sein kleines Unternehmen ist »schlank«, sonst könnte es nicht überleben.

Hartmut sucht seine Mitarbeiter persönlich aus. Er weiß, dass Wohl und Wehe seines Betriebes mit der richtigen Auswahl eng zusammenhängen. Dabei geht er bevorzugt den Weg über die Ausbildung. So stammen drei seiner Gesellen aus der eigenen Ausbildung. Sie haben nicht durchgängig bei ihm gearbeitet, sondern einige Jahre in anderen Unternehmen regional und überregional verbracht und wertvolle Erfahrungen gesammelt. Hartmut hat die Austritte positiv begleitet, indem er über sein Netzwerk zu anderen Handwerksbetrieben Kontakte vermittelt und deutlich gemacht hat, dass eine Rückkehr der Gesellen hochwillkommen ist.

Hartmut fördert nur fachliche Fortbildung. In der Regel gehen die Mitarbeiter jeweils einmal pro Jahr zu einer Informationsveranstaltung eines Zulieferers. Ein Geselle macht eine Weiterbildung zum Meister, ihn stellt Hartmut bezahlt frei. Die Gebühren zahlt der Geselle selbst.

Hartmut führt mit Vertrauen. Seine Mitarbeiter arbeiten, abhängig von der Größe der Projekte, allein, zu zweit oder zu dritt. Sie arbeiten ohne permanente Aufsicht auf unterschiedlichen Baustellen, werden allerdings durch Hartmut sehr gut in die Aufgaben eingewiesen. Es gibt keine geplanten, fest terminierten Besprechungen, sondern den ständigen bedarfsabhängigen Austausch zwischen den Mitarbeitern untereinander und hin zu Hartmut. Arbeitsberichte, insbesondere Stundenaufschreibungen, erstellen die Mitarbeiter autonom. Hartmut nimmt jedes Projekt nach Fertigstellung ab.

Zudem liegt Hartmut viel an einfachen unbürokratischen Abläufen. So hat er, obwohl tarifgebunden, von Lohn- auf monatliche Gehaltszahlungen, die das Weihnachtsgeld bereits anteilig enthalten, umgestellt. Seine Mitarbeiter sind einverstanden. Mehrarbeit wird den Arbeitsberichten entnommen und mit Freizeit oder Geld zeitversetzt abgegolten.

Hartmut ist mit seinen Mitarbeitern sehr erfolgreich und hat es zu einem bescheidenen Wohlstand gebracht. Wir schreiben das Jahr 2010. Immobilienkredite werden tendenziell immer günstiger. Für Hartmut ein sicheres Indiz dafür, dass die Auftragslage gut bleibt, sich möglicherweise sogar noch verbessert. Er blickt optimistisch in die Zukunft.

3.2 Zwei

Jürgen ist Diplom-Ingenieur Maschinenbau und hat an der Technischen Universität Aachen in nur drei Jahren mit summa cum laude promoviert. Er ist mit Leib und Seele Ingenieur, Produktionsprozesse haben es ihm besonders angetan. Jürgen entstammt einer Industriellenfamilie und hat die Leitung der Firma mit fünfunddreißig Jahren von seinem Vater übernommen.

Das neue Jahrtausend ist gerade einmal fünf Tage alt, gestern beging er seinen 65. Geburtstag. Er sitzt in seinem bescheidenen Büro und wartet auf seine Tochter Lara, die ihr erstes juristisches Staatsexamen an der Universität Freiburg »zweistellig« im abgelaufenen Jahr abgeschlossen hat und nun einen Doktorvater sucht. Sie ist 26 Jahre alt und für sie ist klar, dass sie ihre Karriere außerhalb des Familienunternehmens starten wird. Seine Gedanken schweifen ab und er blickt zurück:

Als er das Unternehmen von seinem Vater übernahm, lag der Umsatz bei einhundert Millionen D-Mark, die Beschäftigtenzahl bei 2.000 und der Gewinn vor Steuern bei bescheidenen zwei Millionen D-Mark. Die Umsatzrendite betrug nur zwei Prozent. Das Unternehmen gehörte zur stahlverarbeitenden Industrie, produzierte ausschließlich in Deutschland und verkaufte nahezu einhundert Prozent seiner Produkte in den deutschsprachigen Raum. Sein Vater war stolz auf seine Lebensleistung; immerhin hatte er das Unternehmen aus den Ruinen des Zweiten Weltkriegs wieder aufgebaut und seine Produkte als Marke im oberen Preissegment etabliert. Sie genossen einen exzellenten Ruf, nicht als Trendsetter, sondern als wertbeständig, robust und langlebig. Verkauft wurde ausschließlich über den Fachhandel.

Jürgen erkannte die Leistung seines Vaters durchaus an, hatte aber auch Kritikpunkte. Insbesondere die niedrige Rendite war ihm ein Dorn im Auge. Seinen Vater focht das nicht an: »Zwei Millionen sind viel Geld. Davon kann die Familie gut leben. Aber Du kannst es ja besser machen.«

Und das tat Jürgen. Dabei half ihm als Initialzündung ein Buch, das ihm gegen Ende seines Studiums durch Zufall in die Hände gefallen war: The Principles of Scientific Management von Frederick Taylor [17]. Natürlich kannte er den Begriff Taylorismus, aber eher mit negativem Vorzeichen. Das Buch zeigte ihm, dass er mit seiner Einschätzung falsch lag, denn es war die Basis für Effizienz, Produktivität und Wohlstand. Und das sollte es, gepaart mit den neuesten Produktions- und Verfahrenserkenntnissen, für sein Unternehmen auch werden.

Er optimierte die Serienfertigung des Unternehmens, ich könnte auch etwas euphorischer sagen, er revolutionierte sie, und zwar in dreifacher Hinsicht: Er sorgte für einen bis ins Detail abgestimmten Produktionsverlauf vom Materialeingang bis zum Versand der Fertigprodukte mit dem Zusatzeffekt einer für die Zeit frappierend niedrigen Lagerhaltung; die Arbeitsplätze wurden so weit wie technisch möglich und ökonomisch sinnvoll ergonomisch optimiert; die Massenproduktion per Fließband ging mit einer erstaunlichen Produktdiversifikation eine Synthese ein, indem fünf Rahmen mit verschiedenen Komponenten verknüpft wurden und vierzig Endprodukte entstanden. Die Taktzeit der Fließbandfertigung war moderat, denn Jürgen wusste, dass ein Mensch ohne Pausen während der Arbeit, wenn überhaupt, nur sehr kurzfristig arbeiten kann. Sein heimlicher Leitspruch war: »Die Lebensleistung eines Menschen ist enorm, die Tagesleistung eher bescheiden.«

Für das Unternehmen brachen in der Zeitspanne 1970–1985 goldene Zeiten an. Aufgrund eines Produktivitätsfortschritts ungeahnten Ausmaßes war es möglich, die Umsatzrendite über alle Produkte auf durchschnittlich zehn Prozent anzuheben, und das bei einer preisbasierten Produktdifferenzierung, die im Mittel zu einer Preissenkung von acht Prozent führte. Der Umsatz stieg auf fünfhundert Millionen D-Mark, der Gewinn auf stolze fünfzig Millionen D-Mark. Die Anzahl der Mitarbeiter wuchs auf 5.000 an, produziert wurde weiterhin ausschließlich in Deutschland. Trotz hoher Investitionen hatte das Unternehmen keine Bankverbindlichkeiten.

Jürgen bestimmte die Personalpolitik. Einen Personalleiter gab es nicht, nur eine Personalverwaltung und eine davon organisatorisch getrennte Ausbildung. Diese umfasste sowohl technische als auch kaufmännische Berufsbilder und war hervorragend. Ausbildung und fachliche Weiterbildung waren die Herzstücke seiner Personalarbeit. Führungskräfte suchte er grundsätzlich selbst und kannte jeden durch immer wiederkehrende Gespräche und Kontakte, nicht ritualisiert, sondern spontan und situativ, persönlich. Er verlangte von jeder Führungskraft sehr gutes Fachwissen und Umsetzungskraft. Zudem erwartete er von jedem Mitarbeiter, insbesondere aber von seinen Führungskräften, »Höflichkeit alter Schule«, und hier nahm er sich nicht aus. Die Unternehmenshierarchie umfasste die Firmenleitung, das war er selbst, Bereichsleiter, Abteilungsleiter/Betriebsleiter, Gruppenleiter/Meister. Neunzig Prozent der Mitarbeiter arbeiteten am oder in unmittelbarer Nähe der Produkte, die Fluktuation lag bei zwei Prozent.

Der Rest war eher bescheiden: ein bisschen Altersversorgung und Kantine; ein Controller, der dem Finanz- und Rechnungswesen zugeordnet war; nur handelsrechtliche und steuerliche Abschlüsse, keine nach internationalem Recht; Steuerung des Konzerns, der neben der Muttergesellschaft nur aus Vertriebs- und Servicegesellschaften in Europa bestand, über die Kennzahlen Umsatz, Anzahl Mitarbeiter, Ergebnis vor Steuern; eine Entwicklungsabteilung mit fünf hoch qualifizierten Ingenieuren.

1985 war in der Rückschau das erfolgreichste Jahr in der Firmengeschichte. Dieser Erfolg beruhte auf Jürgens Tatkraft und der Tatsache, dass sich die »ökonomische Welt« im Vergleich zu heute langsam drehte [19], es gab Zeit für Entwicklung und Anpassung. Von einem transparenten Markt für Kunden war man Meilen entfernt, die Markteintrittsbarrieren waren hoch und solide.

Trotzdem drückten Jürgen Sorgen. Konkurrenten wechselten von Stahl zu Aluminium und Carbon und legten einen erfolgreichen Start mit den neuen Produkten hin. Jürgen reagierte und baute eine Aluminiumfertigung einschließlich Kundenservice in den USA und eine Carbonfertigung in Taiwan auf. Er »kaufte« für die beiden Fertigungsstandorte zwei erfahrene Ingenieure vom Markt und stellte ihnen jeweils einen jungen begabten Ingenieur aus der Muttergesellschaft zur Seite. Diese bauten die Gesellschaften verantwortlich auf und sorgten für einen gegenseitigen Wissenstransfer.

1990 hatten die Fertigungen jeweils 500 Mitarbeiter und belieferten Westeuropa und den US-amerikanischen Markt. Diesem Erfolg standen schwere Zeiten am Stammsitz gegenüber. Die stahlbasierten Produkte verkauften sich immer schlechter. Eine Fertigungsstraße wurde stillgelegt, insgesamt 2.000 Mitarbeiter aus Produktion und Verwaltung mussten in den letzten fünf Jahren ausscheiden, häufig über Vorruhestandsregelungen oder einvernehmliche Aufhebungen mit Abfindungen. Der Abbau verlief im Grundsatz »sozialverträglich«, aber die Unternehmenskultur litt, und Jürgen auch. Er entschloss sich, die Leitung des Unternehmens mittelfristig abzugeben.

Seine Tochter war zu jung und zeigte kein Interesse an der Firma, also begann er, sich vorsichtig auf dem Personalmarkt umzusehen. 1993 spielte ihm das Glück in die Hand. Er lernte Sven im Rahmen einer Machbarkeitsstudie kennen. Sven war aus Jürgens Sicht der ideale Nachfolger. Man wurde sich handelseinig und Sven übernahm Anfang 1995 den Vorstandsvorsitz der Firma, die in der Zwischenzeit in eine Kommanditgesellschaft auf Aktien umgewandelt worden war. Jürgen und seine beiden Schwestern hielten neunzig Prozent der Anteile, zehn Prozent waren in Streubesitz. Sven erhielt ein Jahressalär von einer Million D-Mark. Hier war Jürgen über seinen Schatten gesprungen, denn er selbst arbeitete für ein Pro-forma-Gehalt und finanzierte sich über seine Gewinnanteile. Jürgen hielt es für richtig, »seine Ära« komplett zu beenden. Daher übernahm ein befreundeter Bankvorstand die Aufsicht des Vorstands.

Die Ironie des Schicksals wollte, dass der letzte Gewinn vor Steuern unter seiner Führung zwei Millionen D-Mark betrug, Start und Ende waren gleich.

Sven war achtunddreißig Jahre alt, Seniorberater einer führenden Unternehmensberatung und auf dem Sprung zur Partnerschaft, bevor er die Nachfolge von Jürgen antrat. Sven war promovierter Diplom-Kaufmann der Universität St. Gallen.

Was er vorfand, war für ihn eine betriebswirtschaftliche Wüste. Kein schlagkräftiges Controlling, kein strukturierter Budgetprozess, kein Marketing, kaum übergreifende Managementmeetings, nur EDV-Insellösungen usw. Sven überlegte für einen kurzen Moment, hinzuschmeißen, bevor er begonnen hatte. Aber das war nicht seine Art. Er arbeitete stattdessen hart und packte die offenen Themen und Flanken an; er krempelte den Konzern mithilfe dreier von ihm engagierter Vorstandskollegen (Produktion und Technik, Marketing und Vertrieb, Informatik) um. Ende 1999 sah das Ergebnis wie folgt aus:

Ein Marketingbereich war aufgebaut worden. Diesem gelang es, das Image des Konzerns zu drehen, die neuen Aluminium- und Carbonprodukte standen für sportliche Höchstleistungen. Das Unternehmen hatte sich unter anderem als Sponsor etabliert. Die Produkte genossen einen hervorragenden Ruf.

Der Konzern hatte sich strukturell weiter geändert. Er umfasste nunmehr 3.500 Mitarbeiter, 1.500 am Stammsitz und jeweils 1.000 in den USA und in Taiwan. Von den Mitarbeitern in Deutschland arbeiteten noch 500 für den Bereich Stahl, 500 für den Bereich Aluminium und 500 in der Verwaltung, das heißt außerhalb von Produktion, Einkauf und Versand, Produktentwicklung, Technik und Design. Die Verwaltung war von 350 auf 500 Beschäftigte angewachsen. Das hatte vor allem damit zu tun, dass eine Reihe von Bereichen, die der Vorstand für notwendig hielt, anfangs nicht oder nur unzureichend vorhanden war. Von dem Aufbau profitierten vor allem das Controlling, die Personalabteilung und die Informatik. Hinzu kam, dass massiv neue gut bezahlte Führungskräfte engagiert wurden, zum Teil im Austausch mit vorhandenen, zum Teil »on top« auf neu geschaffene Positionen. Das Organigramm wuchs in die Breite und gab Höhe ab; die Personalkosten stiegen stark und belasteten die Ertragskraft.

Die Informatikintegration der Bereiche war trotz des hohen Aufwands noch nicht vollzogen, weil die von den Mitarbeitern gelebte und angewandte Vielfalt nicht abgebildet werden konnte. Die Informatiktools verlangten eine radikale Vereinfachung und Standardisierung, die mit den Kundenanforderungen nicht in Einklang zu bringen waren.

Neue Managementmethoden überfluteten das Unternehmen, deren Anwendung immer weniger Raum und Zeit für den Kunden und damit für den Unternehmenszweck ließ. Die Ressourcen wurden von außen (Kunde) nach innen (Unternehmen) gelenkt. Das Controlling erarbeitete eine Fülle von Analysen, Budgets, rollierenden Planungen und Zielvorgaben. Dazu musste es von den anderen Bereichen mit immer neuen Zahlen »gefüttert« werden. Die entsprechenden Abfragen waren unbeliebt, bedeuteten sie doch in erheblichem Umfang Zusatzarbeit unter Zeitdruck. Neue Mitarbeiter wurden in den operativen Bereichen eingestellt, um der zusätzlichen Administration Herr zu werden. Die Deckungsbeiträge sanken, die Abfragen wurden noch umfangreicher.

Hinzu kamen Stellenbeschreibungen, Zeiterfassung, langwierige und ritualisierte Budgetprozesse, immer häufiger anberaumte Managementmeetings, Zielvereinbarungen, variable Einkommen, Mitarbeitergespräche, Leistungsbeurteilungen, Wissensmanagement, Projektmanagement, »Goldfischteich« (später Talentmanagement), Assessment-Center, die ersten Audits und Zertifizierungen, Vorschlagswesen, Unternehmensleitbild, Balanced Scorecards etc. All diese Punkte hatten eins gemeinsam: Hierfür zahlte der Kunde nicht.

Die Motivation der Mitarbeiter sank, weil sie weniger für den Kunden arbeiteten, dafür mehr für die innere Organisation administrierten; Vertrauen wurde gepredigt, Kontrolle gelebt. Eine hausgemachte Bürokratisierung ergriff Platz, die fatalerweise durch mehr und mehr staatliche Anforderungen noch verstärkt wurde.

Der Konzern geriet in die Verlustzone. Der mehrfach versprochene »Turn around« misslang, der Verlust für 1999 wurde mit ca. zwanzig Millionen D-Mark (Rekord in der Firmengeschichte) avisiert. Hinzu kam eine schwerwiegende Fehleinschätzung der Möglichkeiten und Folgen des Internets, das 1989 erfunden worden war [20].

Es klopft und Lara tritt ein.

4 An den Leitsätzen orientierte Personalführung

Auf den folgenden Seiten möchte ich zeigen, wie erfolgreiche Personalarbeit aussieht und sich in die Tat umsetzen lässt. Dabei gehe ich Schritt für Schritt an den Leitsätzen entlang. Das hat die Vorteile der Übersichtlichkeit und Chronologie.

Die Leitsätze stehen nicht isoliert nebeneinander, sie sind integraler Bestandteil einer guten Personalführung und bilden miteinander Schnittmengen. Diese führen dazu, dass es immer wieder zu Verweisen kommen muss, will man Wiederholungen von bereits Geschriebenem vermeiden. Verweis und Wiederholung sind der Lesbarkeit eher abträglich, lassen sich aber nicht vermeiden, da sie in einer Entweder-oder-Beziehung zueinander stehen. Dies insbesondere dann, wenn ich das Buch so gestalten will, dass jeder Abschnitt prinzipiell auch isoliert mit Sinn lesbar ist. Ich bin deshalb einen Kompromiss eingegangen: Kleinere Wiederholungen habe ich in Kauf genommen, größere vermieden, indem ich den Weg des Verweises gewählt habe.

4.1 Führungskräfte

Führungskräfte sind dann Führungskräfte, wenn sie für das Ergebnis (Output) einer Gruppe (Meisterei), einer Abteilung (Betrieb), eines Bereiches (Werk), eines Unternehmens (Konzern) vollumfänglich verantwortlich sind. Legt man diesen Maßstab an, benötigt man nicht viele Führungskräfte, sondern vier Hierarchiestufen und eine Vertrauenskultur, in der das gesprochene Wort zählt und Freiräume ohne Vielaugenprinzip geschaffen werden. Ansonsten leistet man Kompetenzgerangel, langweiligen Meetings und Mitarbeitern, die sich Führungskräfte nennen, tatsächlich aber Unterschriftengeber ohne Verantwortung sind, Vorschub [21].

Die Sachaufgaben von Führungskräften umfassen ein weites Feld und unterscheiden sich im Einzelfall sehr stark, die Führungsaufgaben weisen hingegen deutliche Gemeinsamkeiten auf.

Die Fähigkeit zu führen, beruht in der Regel mit einem untergeordneten Teil auf Persönlichkeit, sie basiert vielmehr auf institutionellen Positionen, aus denen Macht zur Führung abgeleitet wird. Entfällt die Position, entfallen das Recht und damit auch die Kraft zur Führung. Je weiter man in der Hierarchie nach oben klettert, umso eher findet man Führungspersönlichkeiten, die zumindest teilweise auf ihre Persönlichkeit bauen können, wenn es um Führung geht. Überwiegt die Persönlichkeit, werden aus Führungspersönlichkeiten Leader, die Ja-Sager um sich scharen. Das kann man vernünftigerweise nicht wollen. Institutionelle Führung [22] ist daher ausgeprägter Persönlichkeitsführung vorzuziehen, weil sie Kult vermeidet, kontrollierbarer ist und über Gegenpole eine Machtbalance besser und leichter hergestellt werden kann.

Der »Führungsalltag« eines Vorgesetzten besteht nicht nur aus Anordnungen, die er erteilt und Entscheidungen, die er fällt. Er muss sich seinen Mitarbeitern zuwenden und ihnen in gewissem Sinn dienen (sich in ihren Dienst stellen), wenn es um deren Output und Erfolg geht.

Führungskräfte führen nicht ausschließlich, sie übernehmen auch Sachaufgaben von leicht bis hochkomplex; ich möchte so weit gehen, dass der Anteil der Sachaufgaben meistens überwiegt und sich zwischen fünfzig und neunzig Prozent bewegt. Insofern ist der Name Führungskraft irreführend, genauer wäre »hervorragender Sachbearbeiter mit Führungsaufgaben« [23]. Die Sachkenntnis unterstützt die Führungskraft bei ihren Führungsaufgaben, weil sie für Akzeptanz sorgt [24]. Kommt Umsetzungsstärke hinzu, wird aus der Führungskraft ein Könner. Letztere sind aus meiner Sicht die wertvollsten Mitarbeiter des Unternehmens, egal, ob als Führungskraft oder Nichtführungskraft tätig, denn sie sorgen für Unternehmensoutput, für den der Kunde zahlt [25].

4.2 In ist »in« und out ist »out«

Die moderne Personalführung konzentriert sich auf die Ergebnisse (Output) der Mitarbeiter, denn deren Summe ergibt letztendlich das Produkt (Unternehmensoutput) für den Kunden (Leitsatz eins).

Nur Output zählt ökonomisch, so weit waren wir schon. Aber wie sieht die Unternehmenswirklichkeit aus? Es wird überwiegend nach Input geschielt: Der Mitarbeiter ist verantwortungsbewusst, engagiert, fleißig, intelligent, besitzt hohes Fachwissen etc. Man kann die Reihe beliebig fortsetzen. Die Krux ist, wir wissen noch nicht einmal, ob die dem Mitarbeiter zugeordneten Attribute stimmen, denn niemand kann in den anderen hineinschauen. Was, wenn es sich um einen Blender handelt oder um jemanden, der die »PS nicht auf die Straße bringt«? Wenn Sie verhindern wollen, dass »Rhetoriker« ohne Fundament, »Berater« ohne Umsetzungskraft oder »Jobnomaden«, die alle zwei Jahre im Konzern auf eine neue Position wechseln, um die Konsequenzen ihrer Entscheidungen nicht tragen zu müssen, Karriere machen, hilft nur die Betrachtung von Ergebnissen, ohne Ausreden zuzulassen. »Aber das machen wir doch!«, höre ich Sie rufen. Tatsächlich? Und warum haben Sie dann in Ihrem Unternehmen ein Zeiterfassungssystem mit viel Technik, eine Betriebsvereinbarung mit einer komplexen Durchführungsrichtlinie und jede Menge Bürokratie in der Personalabteilung und den Fachabteilungen? Und das nur, um Anwesenheitszeit zu dokumentieren, die nun wirklich nichts mit Erfolg und Ergebnis zu tun hat [26]! Es ist zwar kein Trost, aber fast jedes größere Unternehmen in Deutschland verfügt über Zeiterfassung. Seit Kurzem können Sie selbstverständlich einwenden, dass der Europäische Gerichtshof (EuGH) mit seinem Urteil zur Anwesenheitserfassung [27] für die Zukunft zwingend vorschreibt, für jeden Mitarbeiter in Europa die Anwesenheitszeit zu protokollieren. Interessanterweise leitet der EuGH sein Urteil aus der europäischen Menschenrechtscharta ab. Man muss nicht böswillig sein, um zu folgender Interpretation zu gelangen: Jeder Europäer hat ein Menschenrecht auf Kontrolle, denn Zeitprotokolle sind nicht nur ein Nachweis für Arbeitnehmer, sondern auch ein Kontrollinstrument für Arbeitgeber. Als Ökonom, aber auch als Verfechter von Freiräumen und Vertrauen als Führungsinstrumente und selbstverständlich als Bürokratiegegner, bewerte ich das Urteil des EuGH nicht positiv. Ich kann Ihnen nur raten, aus der Zeiterfassung keine Führungsentscheidungen abzuleiten, sondern diese ausschließlich als Nachweis zu nutzen, wie es der EuGH eben vorsieht. Zudem sollten Sie jeden Mitarbeiter dazu verpflichten, täglich nicht mehr als die vertragliche Arbeitszeit zu leisten, auch nicht eine Minute. Das hört sich kleinlich an, aber Sie kennen die Faustregel aus der Gleitzeit: Täglich zehn Minuten mehr am Arbeitsplatz bedeuten fünf zusätzliche Gleittage. Das Produktivitätsproblem liegt auf der Hand: Zehn Minuten mehr Anwesenheit gehen im Rauschen unter, fünf Gleittage verändern die Produktivität. Wenn Sie die Kontrolle über Ihre Produktivität behalten wollen, haben Sie bei gesetzlich vorgeschriebener Anwesenheitszeiterfassung keine andere Wahl, als die Arbeitszeit streng zu determinieren. Überschreitungen der Arbeitszeit müssen dann ausnahmslos genehmigt werden. Das Mittel, die Zeiterfassung abzuschaffen, ist Ihnen genommen.

Wer sich anstrengt und täglich zehn Stunden arbeitet, macht Karriere, wer bei gleichem Ergebnis nach sieben Stunden nach Hause geht und sein Gleitzeitkonto ins Minus fährt, hat ein Problem, sehr schnell übrigens. Wie lässt sich die Bevorzugung von Input als Führungsgröße erklären? Ich kann Ihnen als Ökonom keine stichhaltige Begründung liefern, nur eine persönliche Vermutung. Wer sich mit Input beschäftigt, kann in gewissem Sinn unbestimmt bleiben, zum Beispiel mit den Aussagen: »Er scheut noch manchmal die Verantwortung«, »An seiner Führung muss er noch etwas arbeiten«, »Er sucht den schnellen Erfolg und ist deshalb nicht beharrlich genug.« Solche Äußerungen sind wachsweich, beinhalten nichts Konkretes und münden regelmäßig in der Einschaltung der Personalentwicklung, die versucht, durch Seminare Abhilfe zu schaffen, in der Regel ohne Erfolg, weil man an erwachsenen Mitarbeitern herumerzieht und -therapiert, anstatt Hilfestellung zur Persönlichkeitsentfaltung zu geben. Weitere Konsequenzen? Fehlanzeige! Warum auch, wenn Ergebnisse unberücksichtigt bleiben?

Hat hingegen der Vorgesetzte, zum Beispiel in Form einer Bandbreite, definiert, welches Ergebnis ein guter Mitarbeiter qualitativ und quantitativ auf Basis der vorhandenen Arbeitsplatzausstattung und -umgebung erbringen kann und muss, gibt es keinen Spielraum mehr für Nebel und Unbestimmtes, es wird digital: Ergebnis super, Mitarbeiter super; Ergebnis ok, Mitarbeiter ok; Ergebnis nicht ausreichend, Mitarbeiter nicht ausreichend. Konsequenzen werden nun – ob positiv, neutral oder negativ – unvermeidlich, will man nicht böswillig unterlassen.

Voraussetzung für die Outputvariante sind fachlich hoch qualifizierte Vorgesetzte, die eine Vorstellung darüber entwickeln können, was jeder Mitarbeiter in ihrem Verantwortungsbereich bei überdurchschnittlicher (sehr gut bis gut) und durchschnittlicher (befriedigend bis ausreichend) Leistung erbringen muss. Der Unterdurchschnitt (mangelhaft) ergibt sich dann von selbst. Eine Vorstellung darüber zu entwickeln, welche Sollergebnisse für überdurchschnittlich, durchschnittlich oder unterdurchschnittlich stehen, ist unterschiedlich schwierig, grundsätzlich aber für jeden Mitarbeiter auf jeder Position möglich. Tendenziell ist es bei stark arbeitsteiliger, sich wiederholender Arbeit (Fließband) leichter als für stark dispositive Positionen mit sich ändernden Anforderungen.

Es geht nicht darum, eine Bürokratie der Arbeitsbewertung aufzubauen, sondern darum, eine Riege sehr guter Fachleute als Führungskräfte vor allem auf den unteren beiden Hierarchiestufen (Meister/Gruppenleiter, Betriebsleiter/Abteilungsleiter) zu etablieren [28], die »ihren Laden« im Griff haben und in der Lage sind,

Vorstellungen über Sollergebnisse zu entwickeln, sich für die Arbeitsergebnisse ihrer Mitarbeiter wirklich zu interessieren, Output zu thematisieren, nicht in aufgepfropften unnatürlichen Meetings, sondern im täglichen Gespräch, sich Zeit zu nehmen, um ihre Mitarbeiter zu unterstützen, ohne diese mit ihrem Fachwissen zu erdrücken.

Die Führungskraft muss wissen, wer in ihrem Bereich überdurchschnittlich, durchschnittlich und unterdurchschnittlich arbeitet. Dabei gelten drei Prinzipien: Bewertungskriterium ist allein das Arbeitsergebnis. Die Einschätzung der zuständigen Führungskraft zählt, diese wird nicht kontrolliert oder infrage gestellt, ihr wird vertraut. Der Führungskraft wird für ihre Ergebnisaufgaben ausreichend Zeit eingeräumt. Diese Prinzipien werden auf jeder Hierarchiestufe von jeder Führungskraft gelebt. Damit verbunden ist eine sehr hohe Verantwortung, geht es doch ganz konkret um Wohl und Wehe von Mitarbeitern. Gerade diese Verantwortung macht den Unterschied zwischen bloßen Vorgesetzten und wirklichen Führungskräften aus und rechtfertigt den deutlichen Gehaltsunterschied zu Mitarbeitern.

Es geht nicht darum, »kleine Cäsaren« zu züchten, die in ihrer Allmacht nur noch »Daumen rauf« und »Daumen runter« als Handbewegung kennen. Vielmehr gilt es, Könner als Führungskräfte zu gewinnen, die ihrer Verantwortung vollumfänglich nachkommen und nachvollziehbare Bewertungen erarbeiten, die dann

Grundlage für andere (z. B. Geschäftsleitung, Personalabteilung, Betriebsrat) sein können.

Führungskräften wird genauso wie Mitarbeitern Vertrauen entgegengebracht. Wird dieses allerdings missbraucht, verlieren sie ohne Ansehen der Person ihre Position. Nur so lässt sich Vertrauen als eines der wichtigsten Führungsinstrumente erfolgreich leben.

4.3 Überleben

Die moderne Personalführung sorgt dafür, dass ein Unternehmen über genügend qualifizierte Mitarbeiter verfügt, die einen positiven Beitrag zum Überleben des Unternehmens leisten, und dass Mitarbeiter ausscheiden, die den Überlebenskampf des Unternehmens nicht unterstützen (Leitsatz zwei).

Mit dem zweiten Leitsatz wird ein zentrales und weites Feld der Personalführung angesprochen. Es geht um den Einfluss auf Quantität und Qualität der Mitarbeiter durch externes und internes Recruiting sowie um ergebnisbedingte [29] Trennungen, sei es einvernehmlich durch Aufhebung oder einseitig durch Kündigung.

Die Erfahrung zeigt, dass sich die besten Chancen zur Einstellung guter und sehr guter Kandidaten an Schulen, Fachhochschulen und Universitäten ergeben. Um hier erfolgreich zu sein, sollte man Folgendes beachten:

Kontinuität. Ein Unternehmen muss sich als fester Partner an Schulen und Universitäten etablieren. Das gelingt am besten, indem man jährlich Schüler und Studenten übernimmt. Das ist einer fallweisen und damit unsteten Einstellungspraxis klar vorzuziehen. Eine gute Größe ist, fünfzig bis siebzig Prozent des Mittelwertes des langjährigen Einstellungsbedarfs auf diese Weise zu akquirieren.

Regionalität. Warum in die Ferne schweifen? Sieh, das Gute liegt so nah. Jede Schule, Fachhochschule oder Universität hat gute und schlechte Absolventen. Es ist wichtiger, an zwei Universitäten und zwei Fachhochschulen im fachlichen und räumlichen Umfeld stabile und langfristige Beziehungen mit der realistischen Chance auf gute und sehr gute Kandidaten aufzubauen, als in Harvard das Genie zu suchen und zweiter Sieger zu werden. Gesagtes gilt selbstverständlich auch für Schulen mit der aktuellen Besonderheit, dass es gut qualifizierte Absolventen im EU-Ausland gibt, die sich für eine Ausbildung in Deutschland interessieren. Das sollte man nutzen.

Ausbildung [30]. Die Qualität der Ausbildung liegt in den Händen des Unternehmens. Grundlage und Voraussetzung für überdurchschnittliche Ergebnisse ist sicherlich eine erstklassige sachliche und personelle Ausstattung. Aber das reicht noch nicht. Ebenso von Bedeutung ist die Einstellung zur Ausbildung, das heißt, alle Beteiligten müssen die Ausbildung als einen existenziellen Faktor des Unternehmens akzeptieren, der wichtig und keinesfalls lästig ist. Das beginnt bei der Firmenleitung, die den Einstellungsschwerpunkt bei Absolventen von Schulen und Hochschulen definiert, Ergebnisse der Ausbildung zum Thema macht und die klare Forderung an Führungskräfte und Ausbilder richtet, für individuelle Erfolge innerhalb der Ausbildung Verantwortung zu übernehmen. Jede Führungskraft muss in ihrem Zuständigkeitsbereich darauf achten, dass die Absolventen erfolgreich sein können, indem sie interessante praktische und angemessene Aufgaben bekommen, die sie dem Ausbildungsziel näher bringen. Und schließlich müssen sich Sachbearbeiter vor Ort Zeit nehmen, um in die praktischen Abläufe einzuarbeiten, das fachliche Wissen zu vermitteln und menschlich zu integrieren.

Die folgenden Ausführungen gelten gleichermaßen für Absolventen und Kandidaten vom ersten Arbeitsmarkt.

Auswahl. Man kann in keinen Menschen hineinschauen, der Mensch ist vielschichtig und lässt sich nicht vermessen, die menschliche Seele ist tief, man bekommt nur so viel Einblick, wie das Gegenüber es zulässt. Alles richtig! Und, ist vor diesem Hintergrund eine erfolgreiche Personalauswahl überhaupt möglich? Ja, aber nicht mit hundertprozentiger Sicherheit, denn die richtige Auswahl ist schwierig und gehört deshalb in die Hände von hoch qualifizierten Profis. Diese zeichnet nach meiner Erfahrung ein klarer, scharfer und analytischer Verstand aus, der Wille, sich

mit einem anderen Menschen ernsthaft zu beschäftigen und auseinanderzusetzen sowie eine exzellente
Menschenkenntnis, die nicht angeboren, sondern
durch jahrelange Erfahrung in der Personalabteilung
mit Hunderten von Vorstellungsgesprächen erworben
wurde.

Diese Art von Fachleuten, nennen wir sie einfach Menschenkenner, ist sehr selten, für eine gute externe Personalbeschaffung aber unabdingbare Voraussetzung.
Je nach Größe kann sich ein Unternehmen glücklich
schätzen, wenn es über einen bis fünf Menschenkenner verfügt. Ihnen kann man getrost die Auswahl von
Absolventen und Kandidaten vom Arbeitsmarkt überlassen, und zwar verantwortlich. Damit plädiere ich
für eine radikale Änderung der Einstellungspraxis. In
den meisten Unternehmen erfolgt die Einstellung in
Kooperation zwischen Fach- und Personalabteilung.
Wenn es gut läuft, wirken die Beteiligten gleichgewichtig am Entscheidungsprozess mit, häufig aber
berät die Personalabteilung nur und die Fachabteilung entscheidet. Und genau das führt zu einer klaren
Schwächung des Unternehmens in seinem Bestreben,
gute passende Mitarbeiter zu finden. Fachvorgesetzte
führen viel zu selten Vorstellungsgespräche, um Ex-
perten für die Auswahl von Kandidaten zu sein. Es wird
monologisiert, Gespräche werden wegen vermeintlich
Wichtigerem unterbrochen, man sucht sich selbst in
klein (»Fritz-sucht-Fritzchen-Syndrom«), Abteilungsinteressen gehen vor Unternehmensinteressen, wenn
zu große Kompromisse bei der Kandidatenauswahl

eingegangen werden, nur um eine Stelle zu besetzen. All das kommt wesentlich häufiger vor, als man denkt.

Für Abhilfe sorgt eine Neustrukturierung des Einstellungsverfahrens. Der Vorgesetzte der Fachabteilung formuliert am Anfang ausführlich seine Anforderungen und übernimmt am Ende den neuen Mitarbeiter. Mehr nicht. Suche und Auswahl finden bewusst ohne ihn unter Verantwortung und Leitung eines Menschenkenners statt. Je nach vakanter Position entscheidet er allein oder unter Mitwirkung von Führungskräften anderer Fachabteilungen, die gemeinsam ein Einstellungskomitee bilden, mit der Maßgabe, dass der Menschenkenner nicht überstimmt werden kann. Das Einstellungskomitee wird als feststehende Einrichtung etabliert, deren Mitglieder aufgrund von Persönlichkeit, Fachwissen, Unternehmenskenntnis und Erfahrung, auch im Zusammenhang mit erfolgreichen Einstellungen, besonders geeignet sind.

Sie denken, mein Vorschlag sei exotisch und Einstellungen ohne zukünftigen Vorgesetzten funktionieren nicht? Sehr erfolgreiche Weltkonzerne machen es vor! In Deutschland ist es bei der Gewinnung von Auszubildenden und Trainees von Fachhochschulen und Universitäten gang und gäbe. Sollte es im Einzelfall an Fachwissen fehlen, nimmt das Einstellungskomitee einen Spezialisten hinzu, der im Auswahlverfahren Details erläutert. Eine Einstellung funktioniert auch ohne vorheriges Kennenlernen von Bewerber und Vorgesetztem, wenn beide eine entsprechende

Professionalität mitbringen. Das darf jedes Unternehmen erwarten.

Einstellungskomitees sorgen für qualitativ bessere Einstellungen und für den Vorrang von Unternehmens- gegenüber Abteilungsinteressen.

Suche. Am besten, man sucht nicht, sondern sucht aus. Um in diese Position zu gelangen, benötigt man gute Initiativbewerbungen in ausreichender Zahl. Im Absolventenbereich erreicht man das durch Kontinuität, Regionalität und durch eine hervorragende Ausbildung und Einarbeitung, insbesondere mit realistischen Erfolgsaussichten, so wie oben beschrieben. Neue Mitarbeiter, zuvor Absolventen, haben fast immer noch Kontakte zu Schülern oder Studenten ihrer Schulen und Hochschulen. Ihre Empfehlungen führen zu qualifizierten Bewerbungen in höherer Zahl, als jedes Schul- und Hochschulmarketing es leisten kann.

Am globalen Arbeitsmarkt ist das deutlich schwieriger, insbesondere, wenn man kein Weltkonzern, sondern ein Mittelständler ist, der eher in Fachkreisen oder regional bekannt ist. Am besten, Sie kreieren auffällige Suchanzeigen für Jobportale, Fachzeitschriften und regionale Zeitungen. Gute Kontakte zu Arbeitsämtern und die belastbare Verbindung zwischen Unternehmensmarketing und Personalsuche helfen hier. Fordern Sie offen für Ihre wichtigsten Berufsfelder zu Initiativbewerbungen auf. Ihre Menschenkenner sollten auch Bewerbungsgespräche auf Vorrat führen und

Kontakt zu geeigneten Kandidaten halten, auch wenn es aktuell keine Einstellungsmöglichkeiten gibt.

Um diese Aufgaben bewältigen zu können, benötigen Sie ein erstklassiges Recruiting innerhalb der Personalabteilung, das über eine ausreichende Personalausstattung verfügt. Das Geld ist gut angelegt, denn es sichert das Überleben des Unternehmens. Man kann an anderen Stellen des Personalbereichs sparen, wie wir noch sehen werden, aber nicht beim Recruiting; ganz im Gegenteil!

Man muss mit den Mitarbeitern auskommen, die man hat. Bessere gibt es nicht [31]. Das stimmt im Prinzip, aber nicht durchgängig. Die Erfahrung zeigt, dass neunzig bis fünfundneunzig Prozent des Personals »passen«, insbesondere dann, wenn man Ergebnisprobleme im Einzelfall nicht totschweigt, sondern fortwährend angeht, und das heißt in letzter Konsequenz auch »Trennung«. Um genauer zu sein, Aufhebung mit Geld, denn ein langwieriger Prozess des gegenseitigen Beobachtens, der Vorwürfe, des Krankwerdens, der schriftlichen Kritik und des Drohens hinterlässt nur Verlierer, insbesondere bei den betroffenen Mitarbeitern, und das nicht selten lebenslang [32]. Deshalb gilt, kurz und bündig ist allemal besser als das nach Kündigungsschutzgesetz und Rechtsprechung vorgesehene langwierige Prozedere, das letztlich nicht schützt, sondern eher zur vollständigen Demontage des Mitarbeiters führt. Verantwortlich sollte ein Trennungsspezialist sein, der über die notwendige Erfahrung und Autorität verfügt. Aus meiner Sicht ist hier der Personalchef gefragt. Diese Aufgabe ist nicht delegierbar!

Achten Sie darauf, dass nur Mitarbeiter betroffen sind, die keinen ausreichenden Beitrag zum Überleben des Unternehmens leisten, denn nur dann ist eine Trennung moralisch gedeckt. Andere Mitarbeiter wissen ganz genau, wer faul ist und »blaumacht«. Wenn hier eine Aufhebung erfolgt, wird das von anderen Mitarbeitern prinzipiell begrüßt, in der Regel im Stillen. Sie müssen keinen Schaden für Ihre Unternehmenskultur befürchten.

Gestatten Sie mir zum Abschluss dieses Abschnitts noch, dass ich ein wenig ins Grundsätzliche abschweife, wenn es um das Thema Arbeitgeberkündigung in Deutschland geht.

Kündigungsschutz genießen Mitarbeiter von Betrieben mit mehr als 10 Arbeitnehmern [33]. Die anderen nicht. Und diese »anderen« sind keine kleine Gruppe von Beschäftigten, sondern sieben Millionen von fünfundvierzig Millionen in der Bundesrepublik Deutschland [34]. Sieben Millionen Mitarbeiter kommen ohne Kündigungsschutz aus, ob sie es lieber anders hätten, sei dahingestellt. Es funktioniert ohne große Friktionen und Aufregung, darauf lässt die Tatsache schließen, dass der unterschiedliche Kündigungsschutzstatus in den Medien keine Rolle spielt. Der fehlende Kündigungsschutz bringt nicht nur Nachteile mit sich, im Gegenteil, Einstellungen in Kleinbetrieben erfolgen wesentlich schneller und unbürokratischer und lassen eher Beschäftigungen über alle Altersklassen zu, weil der rechtliche Hemmschuh Kündigungsschutz fehlt. Worauf es mir im Kern ankommt: Es geht auch ohne Kündigungsschutz, und das millionenfach und seit Jahrzehnten.

Ich plädiere daher dafür, den Kündigungsschutz komplett abzuschaffen und stattdessen eine verbindliche Abfindungsregelung, abhängig von der Länge der Unternehmenszugehörigkeit, für jede ordentliche Arbeitgeberkündigung gesetzlich verpflichtend einzuführen [35]. Für die Abfindungsverpflichtungen müssen die Unternehmen Jahr für Jahr Rückstellungen bilden und eine Konkursausfallversicherung abschließen, die im Bedarfsfall die Abfindungszahlungen übernimmt. Kein Betrieb wird ausgenommen. Grundlose Befristungen entfallen ersatzlos. Vorteile wären, dass man auf zähe Verhandlungen mit dem Betriebsrat bei betriebsbedingten Entlassungen verzichten könnte, Mitarbeiter aller Betriebe eine feststehende Abfindung erhielten, auch im Konkursfall mehr Rechtssicherheit für alle Beteiligten des Arbeitsmarktes entstünde und eine Vielzahl von Arbeitsrichtern auf anderen Rechtsgebieten Lücken schließen könnten, was bei der stark belasteten Justiz dringend geboten ist.

4.4 Arbeiten

Unternehmer und Topmanager sorgen für eine Organisation, deren Ergebnis die unmittelbare oder zumindest sehr nahe Arbeit möglichst vieler Mitarbeiter am Produkt inklusive dessen Entwicklung und Vermarktung ist. Sie sorgen für Informationen an alle Mitarbeiter bezüglich der Art des Produktes, seines Erfolges und seiner Qualität, neuer Entwicklungen und seiner Konkurrenzfähigkeit auf allgemein verständliche Weise, und das mit wenigen Zahlen (Leitsatz drei).

Der Unternehmensberater Lars Vollmer vertritt in seinem Buch »Zurück an die Arbeit« [36] die These, dass nur Tätigkeiten unmittelbar am Produkt oder an der Dienstleistung des Unternehmens Arbeit sind. Das Problem dieser Annahme liegt auf der Hand: Die Unterscheidung in arbeitend und nicht arbeitend wirkt wie ein Spaltpilz in die Belegschaft hinein. Eine stark geforderte Sekretärin oder ein hart beanspruchter Bilanzbuchhalter wird nicht erfreut sein, wenn man ihnen erklärt, dass sie nicht arbeiten. Trotzdem lohnt es sich, die Gedanken von Vollmer aufzugreifen, wenn auch aus einer anderen Richtung.

Welche Arbeit stiftet tendenziell am meisten Zufriedenheit und Identifikation? Ich behaupte, die Arbeit unmittelbar am Produkt und damit direkt am Unternehmenszweck. Dabei spielt es keine Rolle, ob das Produkt materiell oder immateriell ist. Auch die Tatsache, dass die Tätigkeit am Produkt in einer stark arbeitsteiligen Welt häufig eingeschränkt und fremdbestimmt ist und/oder unter schlechteren Bedingungen als bei Büro-Jobs stattfindet, ändert – entgegen der landläufigen Meinung – nichts an der überdurchschnittlichen Zufriedenheit, die von ihr ausgeht. Im Wesentlichen ist das auf die Erfolgserlebnisse zurückzuführen, die mit der produktunmittelbaren Tätigkeit einhergehen.

Erfolg hat einen dominierenden Einfluss auf die Motivation, Identifikation und Zufriedenheit der Mitarbeiter. Im Unternehmensalltag gibt es, wie bereits kurz vorgestellt, drei Erfolgsformen, den kurzfristigen und langfristigen Erfolg sowie den Unternehmenserfolg [37]. An dieser Stelle steht vor allem der kurzfristige Erfolg im Rampenlicht. Er ist für sich genommen nicht stark, dafür aber täglich spürbar. Er schafft die positive Grundstimmung des Mitarbeiters zu seiner Arbeit. Und das geht, wie sollte es anders sein, am besten bei produktunmittelbaren Tätigkeiten, denn hier sieht der Mitarbeiter direkt seinen Beitrag zum Unternehmenszweck, er erkennt sein Wirken für andere (nicht für den Papierkorb, nicht für Meetings ohne Ergebnisse), er geht abends mit dem befriedigenden Gefühl nach Hause, etwas konkret geleistet zu haben. Unerledigte Sachen drücken nicht; das Werk ist getan. Diesen Erfolg erlebt man überall, zum Beispiel am Fließband der Automobilindustrie, im Verkauf einer Bäckerei, im Designbereich eines Modelabels oder in der Tassenfertigung einer Porzellanfabrik; eben da, wo es keine oder sehr wenig Bürokratie gibt und der Unternehmenszweck zum Greifen nah ist.

Erfolg bei der Arbeit ist das eine, Geld zu verdienen das andere. Arbeit mit nur einer Komponente macht keine Freude. Beides gehört zusammen, kurzfristiger Erfolg und ein marktgerechtes Entgelt. Letzteres gibt Freiheit, sein Leben ein Stück weit selbst zu gestalten, und zwar abseits von Arbeit und Unternehmen. Für ein Unternehmen ist es nach meiner Überzeugung nicht sinnvoll, wenn Mitarbeiter mit ihm »verheiratet« sind, im Gegenteil, ein Leben der Mitarbeiter in einem selbstbestimmten Gleichgewicht zwischen Freizeit und Beruf ist langfristig für alle Parteien die bessere Wahl. Das kann bedeuten, dass man im Einzelfall nicht zusammenpasst, weil Freizeitvorstellungen und berufliche Notwendigkeiten nicht übereinstimmen. Dann ist es so und man muss sich trennen, denn ein Ende mit Schrecken ist bekanntlich besser als ein Schrecken ohne Ende [38].

Noch einige Worte zur Bürokratie. Am Anfang wird sie durch den Staat verursacht, genauer gesagt durch Staatswesen, die einen gewissen Entwicklungsstand erreicht, das heißt, insbesondere ein Steuersystem zur Finanzierung der Staatsorgane implementiert haben. Sogenannte Hochkulturen der Vergangenheit zeigen das. Diese Staatsbürokratie nimmt mit der Komplexität des Staates zu, wird vielschichtig und ist, Stand heute, von niemandem mehr über- oder durchschaubar. Dieser Umstand führt im Übrigen dazu, dass sich die Bürokratie verselbstständigt und von allein wächst, weil selbstgeschaffene Aufgaben erledigt werden müssen.

Aus Unternehmensperspektive handelt es sich um Bürokratie von außen. Diese Bürokratie benötigt Gegenparts im Unternehmen, um zu wirken (typisch sind zum Beispiel Finanz- und Rechnungswesen, Steuern). Unternehmensbürokratie wird aber nicht nur durch staatliche Vorschriften verursacht, sondern auch und gerade durch das Unternehmen selbst (Bürokratie von innen). Immer mehr Informationen und deren Verarbeitung, Analysen, Planungs- und Zielfindungsprozesse, schier endlose und häufige Managementmeetings etc. führen zu überbordender Bürokratie. Beide Formen der Bürokratie (von außen und von innen) sind beeinflussbar, und zwar durch Inhaber und Topmanagement.

Und hier beginnt Ihre Aufgabe, Ihre zweitwichtigste Aufgabe: der Kampf gegen jede Form von Bürokratie, die dem Unternehmenszweck nicht unmittelbar dient und diesen deshalb gefährdet.

Bürokratie von außen ist inhaltlich so gut wie nicht beeinflussbar. Hier kann es deshalb nur heißen: Augen zu und durch. Nichts anbrennen lassen, das Nötige tun, nicht mehr und nicht weniger. Genau beim »nicht mehr« setzt Ihr Einfluss ein. Abteilungen, die stark von staatlicher Bürokratie bestimmt werden und ein notwendiges Bindeglied nach außen sind, müssen inhaltlich ausgerichtet und organisiert werden. Dazu gehört die Grundsatzentscheidung, zum Beispiel Finanzen, Steuern, Recht, Gehaltsabrechnung, Arbeitssicherheit, Umwelt, Compliance etc. inhouse zu bearbeiten, sich dadurch immer wieder mit entsprechenden Themen zu beschäftigen und vom Unternehmenszweck ablenken zu lassen, oder diese Bereiche zur vollständigen Bearbeitung outzusourcen. Letzteres funktioniert, allerdings nur, wenn Sie auf Ihrer Seite zu jedem abgegebenen Bereich eine hoch qualifizierte Fach- und Führungskraft haben, die den sehr guten Dienstleister steuert, fachlich führt und genau definiert, welche Arbeiten zu erledigen sind. Ansonsten erleben Sie einen Blindflug und ein Desaster des Auslagerungsprozesses.

Natürlich liegt die Entscheidung bei Ihnen. Meine Entscheidung an Ihrer Stelle wird Sie nicht überraschen: qualifiziert outsourcen. Ich kann Ihnen nicht versprechen, ob Sie mit diesem Organisationsmodell Kosten sparen, insbesondere, wenn Sie auf Qualität achten; was ich aber zusichern kann, ist, dass Sie Ihr Unternehmen im übertragenen Sinn befreien, indem Sie sich und Ihren Mitarbeitern neuen Raum geben, um sich mit dem Unternehmenszweck zu befassen. Und das schafft einen enormen Wettbewerbsvorteil.

Hinzu kommt, dass die Neuorganisation zwangsläufig die Frage mit sich bringt, welche Leistungen tatsächlich benötigt werden. Möchten wir zum Beispiel einen Wochen-, Monats-, Halbjahres oder doch nur einen Jahresabschluss? Welche Rechnungslegungsvorschriften wenden wir an und wie viele? Da plötzlich jede Leistung sichtbar Geld kostet, entsteht hier ein heilsamer Entschlackungsprozess.

Aber damit ist es nicht getan, denn die Frage, welche Bürokratie in welcher Form für Ihr Unternehmen unverzichtbar ist, geht über das bisher Diskutierte hinaus. Es geht nunmehr um interne Bürokratie, die nicht ein Reflex staatlicher Gesetze und Verordnungen ist, sondern Ihrer Anforderungen und Vorstellungen.

Wie viele Informationen mit welchen Aufbereitungsschritten sind notwendig? Mit welchen Kennzahlen soll der Konzern gesteuert werden? Mit wie viel Aufwand läuft der Planungsprozess wie häufig ab? Welche Analysen sollen in welcher Tiefe zu welchen Themen vom Controlling erstellt werden? Die Fragestellungen lassen sich beliebig fortsetzen und damit die Antworten selbstverständlich auch. Die alles entscheidende Frage: »Welche Antworten benötigen Sie unbedingt, um Ihr Unternehmen zu steuern und zu führen?« müssen Sie selbst beantworten. Sind Ihre Anforderungen bescheiden, ist die Verwaltung klein, sind Sie ambitioniert, ufert die Bürokratie zwangsläufig aus. Im »Vorwärtsgang« stimmt dieser Zusammenhang, im »Rückwärtsgang« nicht. Beschränken Sie Ihre Anforderungen, schrumpft die Verwaltung nicht, im Gegenteil, häufig wächst sie unverdrossen weiter. Die weltbekannten Analysen und Erkenntnisse des englischen Soziologen C. Northcote Parkinson (Parkinsonsche Gesetze) belegen das. Er geht in seinen Aussagen so weit, dass selbst bei einem kompletten Wegfall der Aufgaben die Verwaltung bestehen bleibt [39]. Bürokratie muss also aktiv abgebaut werden. Gutes Zureden und der Wegfall von Aufgaben reichen nicht. Auch wenn es provozierend klingt, Verwaltungsmitarbeiter verstehen es meisterhaft, Aufgaben von außen durch interne Verwaltungsakte (Selbstbeschäftigung) zu ersetzen. Davon sind Führungskräfte über alle Hierarchieebenen nicht ausgenommen.

Wie viel Bürokratie Sie in Ihrem Unternehmen haben möchten, hängt also wesentlich von Ihren Vorstellungen ab. Die kenne ich selbstverständlich nicht, meine sind klar und eindeutig: am besten keine Bürokratie, oder weniger polarisierend, so wenig wie möglich.

Das möchte ich Ihnen an zwei Beispielen zeigen.

Die Unternehmensplanung erfolgte über Jahrhunderte [40] durch das Topmanagement (meistens Eigentümer). Es war ihre vornehmliche Aufgabe, Ziele und Pläne festzulegen. In jüngerer Vergangenheit propagierten verschiedene Beratungen den Einbezug aller Führungskräfte in den Planungsprozess, damit sie sich in diesem besser wiedererkennen und hinter den Ergebnissen stehen. Aus »Top-down« wurde »Bottom-up«. Mehr Partizipation und sogar mehr Demokratie im Unternehmen waren das Ziel. Und so erhielt in unserem Beispiel Industriemeister Karl erstmals Planungsunterlagen für seinen Verantwortungsbereich. Karl war verunsichert und beließ es bei den Ansätzen des laufenden Jahres, mit einer Ausnahme: Er plante eine halbe Stelle für Administration zusätzlich ein, denn es gab vermehrt Anfragen vom Controlling, deren Beantwortung nicht auf Knopfdruck erfolgen konnte, sondern mit erheblichem Aufwand verbunden war, weil die Informationen händisch zusammengetragen und aufbereitet werden mussten. Das bedeutete nicht nur mehr Arbeit für Karl, sondern auch für die Kollegen und Mitarbeiter. Die Beantwortung der Anfragen duldete keinen Aufschub, denn laut Controlling kamen diese von »ganz oben«. Hinzu kam die neue Zeiterfassung der Personalabteilung, die »gefüttert« werden wollte. Karl kam immer weniger zu seiner eigentlichen Arbeit, zumal er sich mit den erhöhten administrativen Anforderungen schwertat. Sein Meisterkollege Hans sah die Dinge ähnlich und plante ebenfalls eine halbe Stelle für Administration ein. Sie wollten sich de facto eine Vollzeitkraft teilen. Eine Woche später rief der Betriebsleiter die beiden zu sich. Er war bedrückt, denn Karl und Hans waren hervorragende und loyale Meister, auf die er sich zu einhundert Prozent verlassen konnte. Er kam sofort zur Sache: »Die Planung ist zurück. Die Geschäftsführung hat Ihre Halbtagsstellen mit dem Kommentar ›In Meistereien benötigen wir keine Sekretärinnen‹ abgelehnt. Tut mir leid.« Karl und Hans waren von der Bemerkung der Geschäftsführung bis ins Mark getroffen. Selbstverständlich erledigten sie weiterhin ihre Aufgaben und schlugen sich mit der wachsenden Administration in ihren Verantwortungsbereichen herum. Aber das Feuer für ihre Arbeit war erloschen. Beide nutzten den Vorruhestand mit achtundfünfzig Jahren. Viel Wissen und Erfahrung verließen das Unternehmen. Von außen verstand es keiner. Es war einfach nicht mehr ihre Welt gewesen.

Jasmin ist Inhaberin einer Spielwarenfabrik. Das Weihnachtsgeschäft ist erstmalig schlecht gelaufen. Sie hatte in ein repräsentatives Verwaltungsgebäude nach neuesten arbeitswissenschaftlichen und umwelttechnischen Erkenntnissen investiert. Umso ungelegener kam die »Umsatzdelle«, wie sie das unbefriedigende Weihnachtsgeschäft mit der Hoffnung auf schnelle Besserung nennt. Nachdem aber auch das Ostergeschäft zu wünschen übrig ließ, wird sie nervös und beschließt, zu handeln. Die Personalkosten müssen um zwanzig Prozent gesenkt werden. Sie gibt die Devise an ihre Führungskräfte aus. »Jeder muss seinen Beitrag leisten!« Der Produktionsleiter zögert, denn Fachkräfte sind Mangelware. Kurzerhand geht Jasmin mit ihm durch die Produktionshallen. Es ist sichtbar, dass zu wenig zu tun ist. Der Produktionsleiter gibt seinen Widerstand auf und benennt eine entsprechende Anzahl Mitarbeiter. Die Verantwortlichen aus der Verwaltung wehren sich vehement. Das Forderungsmanagement für einen besseren Cashflow ist aufwendig, die Rechnungen werden nicht weniger, in das Marketing muss investiert werden, um das Tal der Tränen zu verlassen, die nächste Spielwarenmesse steht vor der Tür, wichtige Verhandlungen mit Lieferanten fordern das sowieso zu knappe Personal des Einkaufs bis aufs Äußerste, die Zertifizierung für ein Umweltsiegel steht an usw. Auch hier geht Jasmin mit den Verantwortlichen durch die Büros. Sie sieht bienenfleißige Mitarbeiter. Jeder, den sie fragt, weiß von seinen vielen Aufgaben beredt zu berichten. Und so kommt es, dass außerhalb der Produktion der Fahrer von Jasmin gehen muss und die Kantine geschlossen wird.

Die Beispiele zeigen, zugegebenermaßen etwas pointiert, dass Inhaber und Management die Weichen für mehr oder weniger Bürokratie stellen, also Sie. Sie entscheiden mit Ihren Anforderungen, Einstellungen und Kenntnissen über die Zusammensetzung der Belegschaft. Sorgen Sie dafür, dass möglichst viele am Produkt arbeiten. Denn hier liegen die Schlüssel für Zufriedenheit und Engagement: der kurzfristige tägliche Erfolg, der Gewinn von Freiräumen durch weniger Bürokratie, ein gutes angemessenes Gehalt, das durch geringere Verwaltungskosten möglich wird.

Und nun, vielleicht etwas überraschend, ein Plädoyer für Bürokratie und Verwaltung. Unternehmen kommen in Industrienationen und auch in Schwellenländern [41] ohne Verwaltung nicht aus, egal, wie groß sie sind. Unternehmen sind mehr oder weniger komplexe Organisationen, die inneren Halt und Führung benötigen, und das bietet die Verwaltung. Die Frage ist also nicht, ob Administration ja oder nein, sondern in welchem Umfang. Meine Antwort kennen Sie: so klein wie nötig. Das hat den großen Vorteil, auch und gerade für die Mitarbeiter der Verwaltung, dass sie und ihre Leistungen automatisch anerkannt werden, denn kleine und übersichtliche Bürokratien sind transparent und können mit Fug und Recht behaupten, dass sie genauso wie jede andere Abteilung für das Unternehmen überlebenswichtig sind. Das ist im Zweifel belegbar und für jeden nachvollziehbar.

Auch hierzu ein Beispiel. Wenn man eine Personalabteilung optimal ausrichten möchte, führt man sie am besten auf ihre Kernaufgabe zurück, nämlich »Leben (Menschen) in die Bude zu bringen und angemessen und sinnvoll einzusetzen«, und das im wahrsten Sinne des Wortes. Dass das nicht nur Recruiting heißt, und HR-Arbeit für Unternehmen überlebenswichtig ist, sehen wir in diesem Buch immer wieder. Auf jeden Fall aber muss Schluss damit sein, HR-Bereiche als überflüssige »Bespaßungseinrichtungen« der Belegschaft zu positionieren und sich dann zu wundern, dass Mitarbeiter der Personalabteilung keine gute Reputation haben, obwohl sie engagiert und viel arbeiten.

Tue Gutes und rede darüber. Dieses Sprichwort eignet sich hervorragend als Grundsatz für eine Informationspolitik, die die Identifikation der Mitarbeiter fördert.

Im Unternehmen heißt »tue Gutes« nicht, irgendetwas vermeintlich Gutes zu bewirken, sondern Gutes für den Unternehmenszweck, für den Erfolg des Produktes zu tun. Genau das machen Mitarbeiter, wenn Organisation und Führung stimmen. Sie leisten mit ihrer Arbeit einen Beitrag zum Produkterfolg. Sie können stolz auf ihr Ergebnis sein, ihre Arbeit findet Anerkennung und Zustimmung beim Kunden, der das Produkt kauft. Der Produkterfolg zeigt, dass man besser ist als der Wettbewerb, dass man zur Spitze gehört. Deshalb gehören Produkte, deren Eigenschaften und Neuerungen sowie Produktentwicklungen ins Zentrum der Kommunikation zwischen Unternehmensleitung und Belegschaft. Man »packt« die Mitarbeiter, indem man das Motto »Geh direkt zum Produkt, geh nicht über Zahlen« strikt befolgt. Ich erinnere mich an eine Darstellung verschiedener Großbaustellen eines Anlagenbauers in Form von Bilderstrecken, kommentiert von Baustellenleitern vor Ort, anlässlich einer internationalen Führungskräftetagung. Dieser Vortrag ist nicht nur mir über Jahre im Gedächtnis geblieben; ich war stolz, dazuzugehören. Die zahlendominierten Vorträge hingegen gerieten in Vergessenheit.

Produktshows, wie sie im Silicon Valley nicht unüblich sind, müssen nicht sein. Aber auf jede Belegschaftsversammlung gehören Produkte zum Anfassen oder zumindest deren Bilder zum Ansehen. Die Aussage, »Wir haben von unserem Produkt A eine Million und von unserem Produkt B drei Millionen verkauft und sind damit unangefochtener Weltmarktführer«, wiegt allemal schwerer als das kühle Understatement: »Bei unseren Produkten A und B haben wir eine erfreuliche Umsatzsteigerung um zwölf Prozent auf nunmehr eine Milliarde Euro zu verzeichnen.«

Selbstverständlich haben auch zahlenbasierte Vorträge ihre Berechtigung, aber nicht, wenn Mitarbeiter die Zielgruppe sind, sondern Aufsichtsräte, Aktionäre oder Analysten. Hier gehören Umsatz, Gewinn und einschlägige Kennzahlen hin, hier müssen sie im Mittelpunkt stehen; auf Town Hall Meetings darf ihnen nur die Rolle einer Randnotiz zufallen.

Wenn Sie die Unternehmensorganisation auf den Unternehmenszweck ausrichten, Mitarbeiter unmittelbar oder zumindest nahe am Produkt arbeiten lassen, die Verwaltung klein und effizient halten und damit Freiraum ohne Bürokratie schaffen, den täglichen individuellen Erfolg zulassen und fördern sowie den Unternehmenszweck mit seinen Facetten zum Mittelpunkt der Kommunikation machen, dann müssen Sie sich um Motivation, Engagement und Identifikation ihrer Mitarbeiter keine Gedanken mehr machen. Sie sind da, von innen heraus, oder, wie der Fachmann sagt, intrinsisch. Sie haben eine Mannschaft, die mit Ihnen durch dick und dünn geht, von ganz allein, ohne dass man es ihr sagen oder gesondert honorieren muss.

4.5 Information

Unternehmer und Organe informieren gut verständlich und ohne oder zumindest mit wenigen Zahlen über die strategischen Ziele des Unternehmens (Leitsatz vier).

Stellen Sie sich einen Zeitstrahl vor und tragen Sie Vergangenheit, Gegenwart und Zukunft ein, so erkennen Sie leicht, dass Vergangenheit und Zukunft unendlich, die Gegenwart, in der sich unser Leben abspielt, aber, wenn man großzügig ist, nur Bruchteile von Sekunden klein ist; das allerdings fortlaufend, also dynamisch, nicht statisch. Will man der zeitlichen »Enge« der Gegenwart entfliehen, bleibt nur die Möglichkeit, mit einem imaginären »Fernglas« bewaffnet den Blick nach hinten (Vergangenheit) und nach vorn (Zukunft) zu richten. Schaut man rückwärts, sieht man gelebtes Leben, aber auch akkumuliertes Wissen (z. B. Patente) aus der Vergangenheit, das natürlich die Basis für Erfolge von heute und morgen ist. Werte wie Grundstücke, Gebäude, Ausstattung, Können und Erfahrung, sehr erfolgreiche Produkte (Cash Cows) etc. oder lieb gewonnene Handlungen, die, warum auch immer, das Zeug zu Traditionen haben, gehören genauso dazu. Natürlich entdeckt man auch viel rosarot, denn die alten Zeiten werden gerne glorifiziert. Dennoch erkennt man, dass die Vergangenheit wertvolles Wissen und Werte parat hält. Sie zu erhalten, zu pflegen, sinnvoll zu nutzen, fortzuentwickeln, zu erneuern und auszubauen sollte ein strategisches Ziel für heute und morgen sein. Auf »rosarot« und Traditionen, so beliebt sie auch sein mögen, sollte man verzichten, will man im Wettbewerb bestehen.

Schwenkt man das Fernglas in die Zukunft, sieht man: nichts, denn Zukunft existiert nicht, nur in unseren Vorstellungen, wenn wir uns überlegen und ausmalen, wie sie aussehen könnte. Und wie sie wirklich sein wird, erfahren wir erst, wenn sie nicht mehr Zukunft, sondern Gegenwart und vor allem Vergangenheit ist. Trotzdem beschäftigen wir uns im Unternehmen sehr ausführlich mit der Zukunft, mit dem Nichtexistenten, wir nennen es Planung, Vorhersage, Prognose. Strategien werden für die Zukunft erarbeitet und Ziele abgeleitet.

Aus meiner Sicht eignet sich die Zukunft isoliert betrachtet nicht für die Erarbeitung von Strategien, weil sie leer ist. Erst in Verbindung mit anderen Sichtweisen auf das Unternehmen ergeben sich Ziele, die selbstverständlich auch in die Zukunft wirken. Nehmen wir die Innensicht. Hier könnte man zum Beispiel aus den zwölf Leitsätzen dieses Buches strategische Ziele herleiten, etwa: »Das Unternehmen verzichtet so weit wie möglich auf Bürokratie von innen« oder: »Offene Positionen werden zu 80 Prozent mit eigenen Mitarbeitern besetzt. Zuständig für die Auswahl sind Einstellungskomitees.« Weitere Ziele, selbstverständlich auch aus anderen Geschäftsbereichen, lassen sich problemlos finden.

Die Außensicht bietet gerade mit Blick in Richtung Kunde weitere strategische Ziele: »Wir wollen weltweit der einzige Tunnelbauer bleiben, der jede Form von Tunnelröhre mit einer Präzision baut wie kein zweiter«, »Unser Unternehmen baut an jedem Ort der Welt Glasfassaden nach den Wünschen der Kunden, präzise, anspruchsvoll, modern«, »Wir bauen am Standort Deutschland schlüsselfertige Kreuzfahrtschiffe auf dem neuesten Stand der Technik, vom Rumpf- bis zum Innenausbau, aus einer Hand, mit der besten Qualität und dem besten After-Sale-Service«, »Unseren Kunden liefern wir hoch feste Stähle, deren Eigenschaftskombination Festigkeit und Leichtigkeit einmalig ist«, »Die Landmaschinen unseres Unternehmens sichern dem Kunden eine unübertroffene Produktivität und Ausfallsicherheit.«

Die Reihe möglicher strategischer Ziele könnte man beliebig fortsetzen. Sie sind auf das Geschäft mit dem Kunden (Unternehmenszweck) fokussiert, haben originäres wirtschaftliches Handeln zum Gegenstand und beinhalten Anstrengungen zum Erhalt von Wettbewerbsfähigkeit und Unternehmenserfolg, heute und zukünftig.

Die in diesem Abschnitt exemplarisch benannten Ziele sind es, die die Identifikation der Mitarbeiter mit dem Unternehmen stärken, der Arbeit Sinn geben und darauf stolz machen, dazuzugehören und Teil des Ganzen zu sein. Sie unterstützen damit die wichtige Klammerfunktion des Unternehmens, die Sie bereits kennengelernt haben.

Die Findung und Benennung strategischer Ziele ist das ureigene Privileg von Unternehmern und Organen. Verwenden Sie viel Zeit auf diese Aufgabe und stellen Sie sie in regelmäßigen Abständen von drei bis fünf Jahren immer wieder neu. Zeigen Sie den Mitarbeitern durch Strategie und Ziele den wirtschaftlichen Weg auf, den das Unternehmen geht und gehen will, und schaffen Sie damit Identifikation.

4.6 Regeln

Die moderne Personalführung verzichtet so weit wie möglich auf Regeln (Leitsatz fünf).

Jonathan ist frisch promovierter Ingenieur der RWTH Aachen, einer der besten »Ingenieurschmieden« der Welt, und auf dem Weg zur Vertragsunterzeichnung bei seinem künftigen Arbeitgeber, einem deutschen Großkonzern. Die Assistentin des Personalleiters nimmt ihn in Empfang und teilt ihm mit, dass sie sich sehr freut, ihm den Arbeitsvertrag mit Anlagen übergeben zu können.

Sein Arbeitsvertrag umfasst acht Seiten, ist nicht leicht zu lesen und beinhaltet die Vorbehalte der Betriebsratszustimmung und einer positiven werksärztlichen Untersuchung. Vonseiten des Unternehmens ist der Anstellungsvertrag noch nicht unterschrieben. Hinzu kommt eine stattliche Anzahl verbindlicher Anlagen: seine Positionsbeschreibung, die wichtigsten Tarifverträge, Arbeitsordnung, Betriebsvereinbarung (im Folgenden BV) zur Gleitzeit mit Durchführungsverordnung, BV variable Vergütung, BV Mitarbeitergespräch, BV Zielvereinbarungen, BV Essenszuschuss, BV variabler Arbeitsort, Erwerb von Smartphone, Tablet und Computer über das Unternehmen, Aktienoptionsprogramm, Richtlinie für Kfz- und Fahrradleasing, Reisekostenrichtlinie. Insgesamt umfassen die Unterlagen mehr Seiten als seine Dissertation. Willkommen in der Arbeitswelt!

Jonathan nimmt die Unterlagen mit nach Hause. Abends ruft ihn der Personalleiter eines weltbekannten Mittelständlers an, der eine ganz ähnliche vielversprechende Position wie der Großkonzern zu bieten hat. Er möchte ihm am nächsten Morgen seinen Arbeitsvertrag überreichen. Jonathan zögert für einen Moment, nimmt den Termin dann aber doch an.

Er erhält drei Dokumente über jeweils zwei Seiten: seinen Arbeitsvertrag, die Regeln zur Altersversorgung und ein Dokument mit der Überschrift »Gut essen und trinken bei … «. Der Arbeitsvertrag ist unterschrieben. Jonathan ist verdutzt und ihm rutscht ein leises, aber hörbares »überschaubar« heraus. Der Personalleiter lächelt und erklärt die Unternehmensphilosophie. »Wir konzentrieren uns auf das Wesentliche, wobei die Auswirkungen für den Personalbereich, den ich vertrete, unterschiedlich sind. So beinhaltet Ihr Arbeitsvertrag die klare Aussage, dass nicht Ihre Leistung, sondern Ihr Ergebnis im Fokus steht. Des Weiteren finden Sie ein gegenseitiges Versprechen dergestalt, dass wir alles tun, damit Sie gute Ergebnisse erzielen, und umgekehrt Sie ebenfalls alles tun, um überdurchschnittliche Ergebnisse zu erreichen. Beides, Ergebnisorientierung und Versprechen, sind in Arbeitsverträgen selten, ich möchte sagen, ein Novum, für uns aber unverzichtbar. Wir glauben ferner, dass man auf Regeln so weit wie vertretbar verzichten sollte, um Freiheit und Vertrauen zu gewinnen und Bürokratie aufzugeben. Für unsere Personalarbeit bedeutet dies, schlicht zwölf Gehälter jährlich, statt komplizierte variable Vergütungen, keine ritualisierten Zielvereinbarungs- und Mitarbeitergespräche, aber einen täglichen Kontakt mit dem Vorgesetzten, keine veralteten Positionsbeschreibungen, nur zwei Sozialleistungen etc. Wir wollen an unseren Mitarbeitern nicht sparen, deshalb haben wir bei unseren beiden Zusatzleistungen nicht gekleckert, sondern geklotzt. Unsere Altersversorgung ist im Ziel auf achtzig Prozent des letzten Nettos unter Einschluss der gesetzlichen Altersrente ausgerichtet, unsere Kantine bietet unentgeltlich Frühstück, Mittag- und Abendessen auf sehr gutem Niveau an. In Summe liegt der Aufwand für unsere beiden Sozialleistungen höher als bei vielen Konkurrenten, die einen bunten Strauß von kleineren Leistungen anbieten.«

Jonathan reagiert nicht sofort. Ihm schießt eine Assoziation von den Sozialleistungen hin zu einer Begebenheit in seiner Kindheit durch den Kopf. Er war mit seinem Vater in einem Spielwarenladen und hatte die Wahl zwischen einem großen Traktor mit Anhänger und einer Sammlung von zehn kleineren Fahrzeugen. Er entschied sich damals für den Traktor und heute für den Mittelständler. Er unterzeichnet seinen Arbeitsvertrag nach einer letzten Kontrolle im Beisein des Personalleiters.

Jonathans Entscheidung beruht übrigens nicht allein auf seiner Assoziation, sondern auch auf der Tatsache, dass sich der Personalleiter persönlich für ihn Zeit genommen und damit wertgeschätzt hat. Der Personalleiter konzentriert sich eben auf das Wesentliche.

Natürlich sagt die vorstehende Episode mit Jonathan nichts über die Positionierung der Unternehmen am Arbeitsmarkt aus. Auch der Großkonzern ist mit Sicherheit sehr erfolgreich bei seinem Recruiting, und das gerade wegen seiner Vielzahl (vermeintlich) moderner HR-Instrumente [42]. Viele Bewerber bewerten ein breites Sortiment an Zusatzleistungen als ausgesprochen positiv, auch wenn die einzelne Leistung keinen hohen Wert hat. Nehmen wir als Beispiel den Kauf eines Smartphones im Zusammenspiel mit dem Unternehmen: Es entsteht ein geringer Steuervorteil von ca. 10 € monatlich, da das Handy aus dem Bruttogehalt bezahlt wird. Das Unternehmen nimmt es hin, für wenig Wirkung das Rad der Bürokratie drehen zu müssen. Bei Positionsbeschreibungen und Gleitzeit mit Zeiterfassung sieht es ähnlich aus: Beide sind mit noch so guten Argumenten nicht tot zu bekommen, im Gegenteil, sie sind die »Longseller« der Personalinstrumente, weil sie von vielen Bewerbern und Mitarbeitern als ausgesprochen positiv bewertet werden. Für viele Unternehmen ist das Grund genug, diese anzubieten, obwohl ein hoher Verwaltungsaufwand fernab des Unternehmenszwecks damit verbunden ist.

Die Problematik überbordender Personalinstrumente und anderer Vorschriften trifft sowohl die Unternehmen als auch die Mitarbeiter. Viele Regelungen bedeuten viele Regeln, wenig Flexibilität, eine Menge Kontrollen (Regeln müssen eingehalten werden), kaum Vertrauen, wenige Entscheidungen (Regeln sind dazu da, Entscheidungen zu vermeiden), selten Individualität, viel Bürokratie (Personalinstrumente, ISO-Normen, interne Richtlinien etc. wollen bedient werden), wenig Entwicklung und Innovation, aber vor allem eine Falschorientierung der Mitarbeiter weg von Unternehmenszweck und Kunden hin zur internen Organisation mit Rechtfertigungs- und Risikovermeidungskultur und natürlich zum Input (Arbeitszeit, Positionsbeschreibungen, Zielvereinbarungen usw.). Für Unternehmen wird es im besten Fall teuer, im schlechtesten Fall kostet es die Existenz. Mitarbeiter verlieren den Spaß an der Arbeit und möglicherweise ihren Arbeitsplatz.

4.7 Gleiches und Ungleiches

Die moderne Personalführung verwischt Ungleiches nicht durch Gleichmacherei, sondern lässt Unterschiede zu, indem sie bewusst differenziert und Individualität in den Vordergrund rückt. Gerechtigkeit heißt, mit diesem Verständnis Gleiches gleich und Ungleiches ungleich zu behandeln (Leitsatz sechs).

Freiheit und Gleichheit mögen sich nicht. Es gibt eine Unverträglichkeit, oder noch deutlicher, einen Ausschluss, der nur allzu menschlich ist, denn Menschen unterscheiden sich, zum Teil sehr stark, zum Teil nur graduell: in jedem Fall aber gibt es Unterschiede, selbst bei eineiigen Zwillingen. Diese Differenzierung ist der Grund für ungleiche Vorstellungen, Lebenswege, Ergebnisse und Einstellungen, die sich nebeneinander am besten in Freiheit realisieren lassen.

Kehren wir noch einmal zum Mittelständler des letzten Kapitels und seiner schlanken, auf das Wesentliche konzentrierte Organisation zurück. Dies war nicht immer so. Der Wandel begann mit der Einstellung eines sehr erfahrenen Managers auf Vorstandsebene, dem das Ressort Entbürokratisierung übertragen wurde. Er arbeitete auf seinen ausdrücklichen Wunsch hin ohne »Unterbau«, also ohne eigene Mitarbeiter. Die Veränderungen waren gewaltig, auch für das Personalmanagement.

Über das gegenseitige Versprechen am Anfang des Arbeitsvertrages hatten wir bereits gesprochen. Unter der Prämisse seiner Einhaltung kam es zu deutlich mehr Freiräumen. Beispielhaft sei der Wandel von Arbeitszeit und Arbeitsort beschrieben.

Vor fünf Jahren gab es, wie in der deutschen Industrie üblich, generell Gleitzeit mit Zeiterfassung. Ausgenommen waren nur einige Produktionsbereiche. Eine mehrseitige Betriebsvereinbarung, eine Durchführungsrichtlinie im Umfang von fünfzehn Seiten sowie ein ständiger Zeitausschuss des Betriebsrates, dreißig dezentrale Zeitbeauftragte vor Ort und die gesamtverantwortliche Zeitmanagerin in der Personalabteilung betrieben einen beträchtlichen Aufwand, um die Anwesenheit zu dokumentieren – wohlgemerkt Anwesenheit, nicht Arbeitszeit oder Ergebnisse. Aber dieser fundamentale Geburtsfehler störte nicht, denn es gab auch vermeintliche Vorteile. Jeder wurde am Kriterium Anwesenheit gemessen, und da auch die Vorgesetzten »stachen«, vermittelte diese Gleichbehandlung das Gefühl von Gerechtigkeit. Auch wenn das Zeitsystem mehr und mehr zu einer Belastung wurde, gab es keine grundlegenden Änderungen, nur ein wenig Kosmetik. Man wollte es sich mit den Arbeitnehmervertretern nicht »verscherzen«. Erst mit dem Vorstand für Entbürokratisierung ergriffen radikale Änderungen Schritt für Schritt Platz.

Nun ein Zeitsprung [43]. Heute gibt es zum Thema Zeit und Arbeitsort nur noch einen Satz im Arbeitsvertrag: »Unter dem Vorbehalt, dass der Mitarbeiter sein Versprechen am Anfang des Vertrages einlöst, bestimmt er den Arbeitsort frei und arbeitet im Durchschnitt wöchentlich 38 Stunden, ohne an feste Arbeitszeiten gebunden zu sein.« (Anmerkung: Durch die neue Rechtsprechung des EuGH zur Protokollierung der Arbeitszeit wird am Ende, das heißt nach Umsetzung des EuGH-Urteils in nationales Recht, wahrscheinlich die Wiedereinführung der Zeiterfassung stehen und damit möglicherweise weniger Freiräume. Die Mitarbeiter bedauern das bereits jetzt.) Das Unternehmen vertraut darauf, dass die Mitarbeiter vernünftig handeln, und räumt je nach Arbeitsplatz mehr oder weniger weite Freiräume ein. Diese werden nur durch das »Urversprechen« beider Vertragspartner beschränkt, nämlich der Mitarbeiter liefert Ergebnisse, das Unternehmen zahlt dafür Gehalt und erbringt definierte Nebenleistungen. Am Ende eines Anpassungsprozesses steht nun deutlich mehr Freiheit. Viele Mitarbeiter arbeiten im Schwerpunkt vormittags, andere nachmittags bis in den Abend hinein, manche erbringen sehr gute Ergebnisse, ohne ihre durchschnittliche Arbeitszeit voll auszuschöpfen, andere wechseln den Arbeitsort und werden von zu Hause oder einem Park aus tätig. Die meisten Mitarbeiter nehmen den »Ortsfreiraum« allerdings nur punktuell war, weil die Arbeit im Unternehmen deutlich effizienter bewältigt werden kann. Deshalb steht jedem Mitarbeiter ein vollwertiger moderner Arbeitsplatz im Unternehmen zur Verfügung. Die Verantwortung für den Umgang mit den zusätzlichen Freiräumen liegt allein beim Mitarbeiter. Die neue Freiheit wird als großer Vorteil gesehen, denn die sehr verschiedenen Vorstellungen und Anforderungen eines jeden Einzelnen lassen sich nun besser verwirklichen. Freiheit führt zu mehr Wohlstand in Form von Individualität und der Möglichkeit, Berufliches und Privates leichter in Einklang zu bringen. Keiner, auch nicht das Unternehmen, wird schlechtergestellt, nur besser. Das grenzt schon an ein Pareto-Optimum [44].

Selbstverständlich hat das alles auch seinen Preis, und zwar in der Form, dass nicht jeder an der neuen Freiheit teilnehmen kann. Exemplarisch seien hier Schichtarbeiter aus der Produktion genannt. Sie verlieren persönlich nichts, in Relation zu anderen aber mögen sie es vielleicht so empfinden, weil sie die neuen Freiräume nicht nutzen können. Die Dinge sind qua menschlicher Individualität und organisatorischer

Notwendigkeit ungleich, durch Freiheit tritt dies hervor; ehemalige Zeit- und Ortsregelungen wie im vorstehenden Beispiel verdecken Ungleiches nicht mehr. Gleiches wird gleich, Ungleiches ungleich behandelt. Die Individualität des Einzelnen ist die wahre Diversität des Unternehmens. Sie zu heben und zu leben ergibt einen echten Wettbewerbsvorteil. Man braucht nur Mut, gegen alle Widerstände lieb gewonnene Regelungen aufzugeben und damit zugleich Freiräume zu schaffen, sowie Vertrauen in die Vernunft der Mitarbeiter. Partout Unvernünftige müssen gehen, weil sie das Vertrauen missbraucht haben und ihrer eigenen Ergebnisverantwortung nicht nachgekommen sind. Diese sind übrigens seltener, als man denkt.

4.8 Kennenlernen

Die erfolgreiche Personalführung respektiert und berücksichtigt die menschlichen Unterschiede der Mitarbeiter und setzt die Beschäftigten entsprechend ihren Begabungen, Erfahrungen und Fähigkeiten ein. Sie entscheidet strikt sachbezogen und bleibt neutral. Sie vermeidet jedwede »Quotenregelung«, um betroffene Mitarbeiter und Mitarbeitergruppen nicht zu diskriminieren (Leitsatz sieben).

Wer kennt wen und wer kennt sich selbst? Verlangt man vollständiges Wissen, ist die Antwort einfach: niemand. Wer wurde nicht schon einmal von seinem

Ehepartner oder seinen Kindern überrascht, weil ihre Handlungen oder Entscheidungen nicht vorhersehbar waren? Mit einer teilweisen Unkenntnis über andere Menschen, auch wenn sie uns sehr nahestehen, und auch über uns selbst (Stichwort »blinder Fleck«), müssen wir leben. Das gelingt in der Regel gut und macht das Leben spannend, weil es ohne Überraschungen nun einmal mehr nicht ist.

Die Komplexität des Kennens reduziert sich im Unternehmen glücklicherweise vom Menschen auf den Mitarbeiter. Das macht es leichter, hat aber zugleich die Implikation, dass Unternehmen klare Grenzen gegenüber Mitarbeitern einhalten müssen: Die Privatsphäre ist tabu. Unternehmen haben die Legitimation, sich um Kunden zu kümmern, Gewinne zu erwirtschaften, die Persönlichkeit von Mitarbeitern zur Förderung des Unternehmenszwecks zu entfalten (nicht zu entwickeln!) und vieles mehr, aber nicht, sich in den Privatbereich des Mitarbeiters einzumischen, geschweige denn, sich um diesen zu kümmern. Auch wenn es noch so gut gemeint ist, es ist übergriffig. Mitarbeiter haben das Recht, als Erwachsene gesehen und behandelt zu werden, die ihr Leben frei und eigenverantwortlich gestalten, und das heißt auch und insbesondere, ohne Beeinflussung und Kontrolle des Arbeitgebers.

Das Kennenlernen des Mitarbeiters beginnt, wenn er noch kein Mitarbeiter, sondern Bewerber ist, also im persönlichen Vorstellungsgespräch. Hier erlebt man den anderen mit allen Sinnen, verbal und nonverbal.

Es ist die älteste und sicherste Methode, einen anderen als Person zu erfassen, sich also ein Bild zu machen. Zwei Einschränkungen gibt es: Man lernt den Bewerber nur so gut kennen, wie dieser es zulässt, und nicht jedem sind gute Menschenkenntnisse gegeben, die eine zutreffende Einschätzung des Kandidaten erlauben. Einstellungstests, welcher Art auch immer, stellen keine Alternative dar, weil sie nur punktuelle Ergebnisse liefern, die wiederum keinen umfassenden Eindruck über den Bewerber zulassen. Nur der Vollständigkeit halber sei daran erinnert, dass eine sorgfältige Analyse der Bewerbungsunterlagen bei der Einschätzung des Bewerbers hilft und als Gesprächsvorbereitung unabdingbar ist.

Unternehmen stehen prinzipiell vor zwei Problemen: Wie werden Fehlgriffe bei Einstellungen möglichst vermieden? Welcher Einstellungsorganisation bedarf es, um dem gesamtheitlichen Unternehmens- und nicht dem partikularen Abteilungsinteresse Rechnung zu tragen? Meine Antwort kennen Sie bereits: Menschenkenner und Einstellungskomitees, näher beschrieben und begründet in Abschnitt 4.3.

Das berufliche Engagement der Mitarbeiter endet nicht, sondern beginnt mit der Einstellung. Folgerichtig kann auch der erste Auswahlprozess bei der Einstellung nur der Startpunkt für weitere Auswahl- und Entscheidungsprozesse sein, die immer das gleiche Ziel haben: den richtigen Mitarbeiter für eine offene Position oder die richtige Position für einen Mitarbeiter zu finden, nun aber intern. Im Unterschied zur externen Personalsuche steht nun neben dem Mitarbeiter der unmittelbare Vorgesetzte im Zentrum des Vorgehens.

Mitarbeiter als Erwachsene zu behandeln, bedeutet unter anderem, dass man ihnen zutraut, ihr berufliches Fortkommen selbst in die Hand zu nehmen. Voraussetzung dafür ist, dass sie geeignete Informationen über offene Stellen erhalten, was heute häufig über elektronische Jobbörsen geschieht [45]. Mit der Bewerbung seines Mitarbeiters betritt der Vorgesetzte die »Bühne«. Er ist der Ansprechpartner des zuständigen Einstellungskomitees für entscheidende Fragen der Eignung: Welche Aufgaben beinhaltet die derzeitige Position genau? Sind die Ergebnisse des internen Bewerbers qualitativ gut und quantitativ angemessen? Wie gestaltet sich die Zusammenarbeit mit dem Vorgesetzten und anderen Mitarbeitern? Ist der Mitarbeiter gegenüber sinnvoll Neuem aufgeschlossen? Wie ist sein Informationsverhalten? Traut der Vorgesetzte dem Bewerber die neue Position zu?

Im Einzelfall mag hier und da der Wunsch nach Vertraulichkeit des Bewerbers der Einbindung des Vorgesetzten im Wege stehen. Dann muss man einen für alle Seiten gangbaren Weg finden. Bei einer entsprechend ausgeprägten Vertrauenskultur sollte das nicht schwer sein. Ganz auf die Einbindung des Vorgesetzten zu verzichten, ist allerdings keine Option, nicht nur, weil das Unternehmen auf wertvolle Informationen verzichten würde, sondern auch, weil das Vertrauen auf Führungsebene durch den Ausschluss des Vorgesetzten stark leiden würde.

De facto startet das Engagement des Vorgesetzten für das Fortkommen des Mitarbeiters aber schon deutlich eher, genau genommen von der ersten Stunde an. Der Vorgesetzte ist dafür zuständig, dass dem Erfolg des Mitarbeiters im Idealfall nichts im Wege steht, außer gegebenenfalls dessen eigener Wille oder eigenes Können und Verhalten, und dass andere seine Arbeit positiv »bemerken« und er dadurch Sicherheit tankt und Selbstbewusstsein erlangt. Beides ist erforderlich, um den Schritt in eine neue Aufgabe mit Unsicherheiten zu riskieren und zu gehen [46]. Mitarbeiter entsprechend ihren Fähigkeiten und Erfahrungen einzusetzen, und das im Kontext mit den wirtschaftlich sinnvollen Möglichkeiten des Unternehmens, ist eine der wichtigsten Führungsaufgaben, und zwar aller Führungskräfte gemeinsam. Der direkte Vorgesetzte ist nur die Speerspitze eines Gesamtengagements der Eigentümer und Manager. Er muss aufgrund der täglichen Zusammenarbeit – und nicht durch jährliche, ritualisierte, völlig unnatürliche Ziel- und Fördergespräche – fundierte Kenntnisse über seine Mitarbeiter erlangen, und das ohne Formulare, Fragebögen und andere »Bürokratiefördermittel«. So wichtig sein Wissen über seine Mitarbeiter auch ist, es reicht nicht. Erst durch die Vernetzung mit anderen Führungskräften wird ein passender Schuh daraus. Eine gute Lösung ist die Selbstverpflichtung aller Manager, wöchentlich zwei zwanglose Gespräche mit erfolgreichen Mitarbeitern über alle Ebenen zu führen. Die Gespräche haben den einzigen Zweck, Kontakt herzustellen, Bilder über die Gesprächspartner zu vermitteln und Informationen zu sammeln, und das mit jedem einzelnen Hoffnungsträger wiederkehrend und damit vertiefend. Am Ende sollten Vertrauensverhältnisse stehen. Konsequent durchgeführt erlangt man nach einiger Zeit ein enormes Wissen über gute Mitarbeiter, ihre Wünsche, ihren Charakter, ihre Fähigkeiten und ihre Erfahrungen. Man kennt sich, und das ist durch nichts zu ersetzen, und zwar ohne Bürokratie (keine Rituale, keine Fragebögen, keine Kamingespräche und anderer Klimbim) und anonyme Systeme ohne Verantwortliche. Man muss nur etwas Zeit investieren. Der Rest ergibt sich von selbst.

Und wo bleibt das Potenzial? Man sollte sich nicht zu viel vornehmen, denn wer kann schon in die Zukunft sehen?

Wenn man sich nun so gut es geht kennt und dieses Wissen nutzt, um Positionen zu besetzen, nicht in einsamen Entscheidungen, sondern mithilfe von Komitees, so ist dem Unternehmen als auch den Mitarbeitern geholfen. Nicht alles wird optimal laufen, denn möglicherweise kommt es zu Störfeuer, zum Beispiel in Form von gut gemeinten Quotenregelungen. Den Quoten liegt folgende These zugrunde: Bestimmte Mitarbeitergruppen werden systematisch benachteiligt. Ihnen werden insbesondere Karrieren vorenthalten, obwohl sie über gleiche oder sogar bessere

Kenntnisse, Fähigkeiten und Erfahrungen verfügen. Daher muss ihnen geholfen werden, indem gesetzliche Quoten ihre Karriere erzwingen.

Die systemische Benachteiligungsthese ist für Unternehmen, die im beinharten internationalen Wettbewerb stehen, kaum sinnvoll zu unterstellen. Besseren Mitarbeitern Chancen zu verbauen und dadurch Wettbewerbsnachteile hinzunehmen bzw. Wettbewerbsvorteile nicht zu nutzen, wäre fahrlässig und würde das Überleben des Unternehmens stark infrage stellen. Welcher verantwortungsvolle Eigentümer oder Manager handelt so und aus welchem Grund?

Wenn die Benachteiligung aber nur eine Behauptung ist, dann sind Quoten selbst die Ursache für starke Benachteiligungen, die sie eigentlich verhindern sollen. Auch vermeintliche Nutznießer der Quote werden mit ihr, so behaupte ich, nicht glücklich, denn wer möchte den Malus ans Revers geheftet bekommen, nicht aufgrund von Fähigkeiten, sondern durch eine ungerechte oder aber zumindest fragwürdige Quotenregelung in der Hierarchie aufgestiegen zu sein? Ich habe große Zweifel, ob eine begabte Frau »Quotenfrau« sein möchte. Deshalb vermeiden Sie jede Quotenregelung in Ihrem Unternehmen, greifen Sie aber mit aller Härte durch, wenn es zu Benachteiligungen von Mitarbeitern kommt.

Ich weiß, dass ich mit dem Thema »Quote« und meiner kritischen Haltung dazu in ein Wespennest steche.

Deshalb möchte ich noch einen Moment verweilen und weitere Argumente anführen. Der Erfolg unserer Gesellschaft beruht nicht unerheblich darauf, »dass sich Leistung lohnt.« Wird dieses Prinzip durchbrochen, weil zugunsten einer Quote und nicht zugunsten von Qualifikation und Fähigkeiten entschieden wird, trifft dies unsere Gesellschaft ins Mark. Wer glaubt, auch ohne die besten Frauen und Männer unseren Wohlstand und unsere soziale Sicherheit halten zu können, irrt. Auch ist es verkürzt, Quoten nur unter dem Gesichtspunkt der Karriere zu betrachten. Es gibt zum Beispiel Berufsfelder, die überwiegend von Frauen oder überwiegend von Männern angestrebt werden. Würde man hier versuchen, über Quoten vermeintlich mehr Gerechtigkeit herbeizuführen, indem man den Anteil des weniger vorhandenen Geschlechts erhöht, hätte das erhebliche Nachteile. Nehmen wir das Berufsfeld der Erziehung, in dem Frauen dominieren. Würde man hier schlechter qualifizierte Männer besser qualifizierten Frauen vorziehen, nur um eine für gerecht erachtete Männerquote zu erreichen, wäre das für unsere Kinder ein Fiasko und man würde dem Thema Chancengleichheit einen Bärendienst erweisen.

Ich bin sehr dafür, dass geeignete Frauen und Männer Führungspositionen besetzen und ungeeignete Vorgesetzte ersetzt werden. Deshalb habe ich unter anderem dieses Buch geschrieben. Dabei ist mir im Grundsatz jedes zielführende Mittel recht; Quoten allerdings nicht, weil sie ungeeignet sind, oder besser, weil ihre Nebenwirkungen deutlich zu hoch sind.

4.9 Voraussetzungen

Die erfolgreiche Personalführung sieht eine ihrer Hauptaufgaben in der Bereitstellung moderner Arbeitsplätze inklusive aller notwendigen Sach- und Betriebsmittel, der erforderlichen Informationen mit Kommunikationsmitteln und -schnittstellen und der sachorientierten Aus- und Weiterbildung einschließlich des Fachaustausches, damit Mitarbeiter sehr gute Ergebnisse erzielen können (Leitsatz acht).

Führen und »Dienen« liegen eng beieinander, sie sind zwei Seiten einer Medaille. Konkret bedeutet das für Vorgesetzte, dass sie bestimmen dürfen und müssen, »wo es lang geht«, dass sie aber auch für ein Umfeld sorgen müssen, das ihren Mitarbeitern ermöglicht, positive Ergebnisse für das Unternehmen zu erarbeiten. Führungskräfte haben insofern eine umfangreiche Dienstleistungsfunktion für ihre Mitarbeiter. Diese können sie nur erfüllen, wenn sie Interesse für das Wohl und Wehe ihrer Mitarbeiter haben und ihren Verantwortungsbereich dergestalt im Griff haben, dass sie wissen, was der einzelne Mitarbeiter macht und was er benötigt. Das können nur führungsaffine Fachleute.

Ansonsten spricht Leitsatz acht eigentlich für sich. Gleichwohl möchte ich drei Aspekte hervorheben.

Da ist als Erstes der Arbeitsplatz. Während außerhalb der Verwaltung viele Arbeitsplätze technisch determiniert sind und im Unternehmen angesiedelt sein müssen, sieht das innerhalb der Verwaltung ganz anders aus. Hier haben Ideen und Meinungen eine breite Spielwiese, weshalb das Thema Büro, oder enger der Schreibtisch, zu einem Diskussionsdauerbrenner geworden ist. Christoph Bartmann hat zur Thematik mit »Leben im Büro« ein interessantes Buch vorgelegt [47], das in Bezug auf die aktuelle Situation in der Überschrift des Abschnitts 3.5 gipfelt: »Vom Nicht-Ort zu gar keinem Ort. Das Büro in der Raumkrise.« [48] Fürwahr, vom großzügigen Einzelbüro, dem mit Raumtrennern und Kommunikationsecken aufgewerteten Großraumbüro, dem Homeoffice bis hin zum »Büro irgendwo« wurde alles gegeneinander abgewogen. Jeder Trend bekam seine Anhänger und Argumente [49].

Was unbeantwortet bleibt, ist die Frage, welche Kriterien ein Arbeitsplatz erfüllen muss, damit er den Mitarbeiter bei seinem Bestreben nach einem guten Ergebnis unterstützt. Um noch eine Stufe davor zu beginnen: Benötigt man für ein gutes Ergebnis überhaupt einen Arbeitsplatz im Unternehmen? Darauf kann Ihnen seriös niemand eine zutreffende und übergreifende Antwort geben. Dennoch möchte ich den Versuch starten, zumindest einige allgemeine Leitlinien für einen ergebnisorientierten Arbeitsplatz darzulegen.

Wenn Sie Gäste haben, bieten Sie diesen einen Platz an. Das ist höflich, nicht nur in unserem Kulturkreis, sondern weltweit. Wenn ein Mitarbeiter in ein Unternehmen eintritt, ist es entgegen manch anderer Meinung nicht nur höflich, sondern erforderlich, einen modernen, mit allem Notwendigen ausgestatteten Arbeitsplatz in ausreichender Größe anzubieten, denn dies signalisiert neben einer persönlichen und damit um Längen besseren und differenzierteren Kommunikation, neben einem höheren technischen Standard, neben der Fokussierung auf Arbeit und der Trennung zum Privaten und damit dem Schutz vor beabsichtigten oder unbeabsichtigten Übergriffen des Unternehmens Basics wie Wertschätzung, Respekt und Akzeptanz für und gegenüber dem Mitarbeiter. Wer das infrage stellt, gefährdet das Bestehen des Unternehmens, denn Mitarbeiter werden gehen, weil ihnen das Mindeste nicht gegeben wird, oder sie bleiben, aber nur mit hohen Gehaltszuschlägen. Der Arbeitsplatz in guter Ausstattung ist ebenso wichtig wie der tägliche Erfolg; er ist unverzichtbar! Wer dies anzweifelt, greift die Grundfesten des Unternehmens an.

Architekten, Raumökonomen und Arbeitspsychologen vertreten teilweise eine andere Meinung. Da steht zum einen die Idee, Arbeitsplatz und Mitarbeiter zu entkoppeln, soll heißen, Mitarbeiter haben keinen fest zugeordneten Arbeitsplatz. Sie suchen sich vielmehr jeden Morgen irgendwo im Unternehmen ein unbesetztes »Plätzchen«. Wenn es nicht so traurig wäre, könnte man dies auch frei nach einem Sprichwort mit der Zeile »Der frühe Mitarbeiter findet einen Schreibtisch« charakterisieren. Dahinter steht der Gedanke, dass, bedingt durch Abwesenheiten, niemals alle Arbeitsplätze besetzt sind und man deshalb nur für

siebzig bis achtzig Prozent der Belegschaft Arbeitsplätze vorhalten muss. Das lockt Sparfüchse im Management an, lassen sich doch vermeintlich einfach
Kosten einsparen. Nur am Rande sei bemerkt, dass
Manager, die ein solches »modernes« Raumkonzept
befürworten, fast immer über ein großzügiges Einzelbüro zur alleinigen Nutzung verfügen, zum Teil sogar
über mehrere, wenn sie an verschiedenen Standorten
tätig sind.

Ich bin keineswegs für Gleichmacherei, ganz im Gegenteil. Wenn aber auf der einen Seite Führungskräften repräsentative Einzelbüros zur Verfügung stehen,
sollten Mitarbeiter zumindest ihren eigenen Arbeitsplatz haben. Wer das nicht sieht, zeigt täglich, dass
er Mitarbeiter nicht schätzt, sondern als Produktions-
faktor (minder)wertet. Der Aufwand, der hierdurch auf
Unternehmen zukommt, ist um ein Vielfaches höher
als die Reduktion der Raumkosten.

Vor Kurzem sah ich eine Dokumentation über eine
Großbank. Gezeigt wurden auch Büros von Fachleuten der internen Revision. Spontan hatte ich die
Assoziation von einer Geflügelkäfighaltung: die Büros hatten zwar Glaswände, waren aber sehr klein.
Schreibtisch und Schreibtischstuhl fanden kaum Platz,
an einen Schrank war nicht zu denken, künstliches
Licht herrschte vor. Völlig zu Recht kritisiert man Le-
gebatterien, Kleinstbüros für Beschäftigte fallen in die
gleiche Kategorie. Auch hier gilt: Schaffen Sie solche
Arbeitsumfelder ab. Sorgen Sie für helle Büros und

Raumgröße in ausreichendem Umfang. Auch das sind Basics eines Arbeitsverhältnisses, die, gerade weil sie Basics sind, in besonderer Weise und voller Breite Respekt, Wertschätzung und Akzeptanz für Mitarbeiter ausstrahlen. Es geht nicht um Paläste, sondern um zweckmäßige Arbeitsplätze, sei es als Einzel- oder Mehrpersonenbüro, sei es als Teil eines Großraumbüros.

Eine ganz andere Diskussion umkreist das Homeoffice. Hier geht es um die bessere Vereinbarung von Beruf und Familie, nicht um Raumökonomie. Da sehr häufig eine Mischung aus Arbeit im Unternehmen und von zu Hause aus im Raum steht, läuft das Homeoffice auf zwei Arbeitsplätze hinaus, hat also mit Effizienz nichts zu tun. Ich bezweifele auch, dass sich eine nennenswerte Zahl von Arbeitsplätzen zur Heimarbeit eignet. Es fehlt an persönlicher Kommunikation, an Unterlagen, Einbindung, Kollegen, Vorgesetzten etc., alles zusammen senkt die Effizienz und Effektivität immens [50]. Dennoch wird uns das Homeoffice aufgrund starker Arbeitnehmerinteressen – ähnlich wie Zeiterfassung und Bonussysteme – als Ergebnis fressender Dinosaurier der Personalwirtschaft noch lange erhalten bleiben.

Beim zweiten Aspekt steht das Wissen im Zentrum. Mitarbeiter müssen, und das ist unstrittig, mit ihrem Wissen auf dem aktuellen Stand sein. Daran knüpfen sich zwei Fragen: Welches Wissen muss aktuell sein? Was sollte man beachten, damit die Mühen des Mitarbeiters und der Aufwand des Unternehmens von Erfolg gekrönt sind?

Das Wissen des Mitarbeiters muss dergestalt sein, dass er gute Ergebnisse an seinem Arbeitsplatz und in seiner Aufgabe erzielt; die vorstehende Aussage impliziert, dass es um Wissen fokussiert auf den aktuellen Arbeitsplatz geht. Verantwortlich sind der unmittelbare Vorgesetzte für passende Angebote an seine Mitarbeiter und diese im Umkehrschluss für das Erlernen und Anwenden des relevanten Wissens. Für Führungskräfte kommen wiederkehrende Trainings und Coachings speziell zum Leben und Umsetzen der zwölf Leitsätze hinzu.

Wer kann in die Zukunft schauen? Natürlich niemand. Deshalb sollten in die Zukunft gerichtete Seminare und Bildungsanstrengungen vermieden werden, denn sie wecken möglicherweise, ich behaupte sogar, fast immer, falsche Erwartungen und lenken nicht in die richtige Richtung. Nur wenn die berufliche Zukunft klar definiert vor einem Mitarbeiter liegt, sind zukunftsorientierte Bildungsmaßnahmen zu empfehlen und natürlich auch sinnvoll.

Wissensvermittlung ist dann erfolgreich, wenn diese auf die Stärken des Mitarbeiters abzielt. Genau hier stößt Aus- und Weiterbildung auf fruchtbaren Boden. Jeder von uns kennt unser Schulsystem und das Scheitern erfahrener Pädagogen, wenn sie jahrelang gegen diesen Grundsatz lehren (müssen). Aus mathematisch, musikalisch oder sprachlich Unbegabten werden eben keine Mathematiker, Musiker oder Germanisten, auch nicht nach für alle Parteien frustrierenden dreizehn Schuljahren. Dasselbe gilt selbstverständlich auch für spätere Bildungsanstrengungen in Unternehmen. Deshalb ist es sinnvoll, nicht an den Schwächen der Mitarbeiter »herumzudoktern«, sondern ihre Stärken zu fördern. Diese Form der unternehmerischen Wissens- und Bildungspolitik führt zum Erfolg, weil sie dem Mitarbeiter hilft, seine Persönlichkeit zu entfalten. Bildung und Wissen bauen auf der Persönlichkeit des Mitarbeiters auf. Eine landauf und landab vorzufindende Personalentwicklung hingegen hat überwiegend die Schwächen der Mitarbeiter zum Gegenstand, möchte diese wegtrainieren, neutralisieren. Dass das nicht gelingt, liegt auf der Hand, und so werden die Schwächen der Mitarbeiter zur Schwäche der Weiterbildung, speziell der Personalentwicklung. Wer glaubt, im eigenen Unternehmen gäbe es das nicht, der möge sich einmal die Begründungen für Bildungsmaßnahmen ansehen. Ich prophezeie hier große Überraschungen [51].

Nun zum dritten Aspekt, der Zuständigkeitsaufteilung zwischen Vorgesetztem und Mitarbeiter. Das Prinzip lautet: Der Vorgesetzte ist verantwortlich für die Arbeitsvoraussetzungen und das Ergebnis seiner Organisationseinheit, der Mitarbeiter für sein individuelles Ergebnis.

Detaillierter heißt das für den Vorgesetzten, dass er sich um alles rund um die Arbeitsplätze seiner Mitarbeiter kümmern muss, von der technischen Ausstattung über ausreichende Informationen, Schnittstellenmanagement bis hin zum Materialfluss, um nur einige Aspekte zu nennen. Bildlich gesprochen schafft er für seine Mitarbeiter gemachte Nester (optimale Bedingungen), damit diese in der Lage sind, ein Topergebnis abzuliefern. Er bleibt selbstverständlich weisungsbefugt gegenüber seinen Mitarbeitern, zum Beispiel bei der Frage: Wer macht was oder was macht die Abteilung? Bei all diesen Fragestellungen ist der Vorgesetzte nicht vollkommen frei, denn er ist regelmäßig in eine Organisation eingebunden und selbst Mitarbeiter, somit ebenfalls weisungsgebunden und verpflichtet, Unternehmensentscheidungen zu beachten.

Der Mitarbeiter kümmert sich um sich, d. h., um seine Motivation, seine Fähigkeiten und sein Können, seinen Charakter, eben um seine Person als Mitarbeiter, und zwar ohne Wenn und Aber. Warum er? Weil nur er es kann, denn er ist erwachsen! Unternehmen sind komplett überfordert, wenn sie sich auf dieses Terrain begeben. Das zeigen die vielen untauglichen Führungsinstrumente, die wir im fünften Kapitel dieses Buches noch unter der Rubrik »Zurückhaltung« kennenlernen werden. Es reicht, Mitarbeiter als Erwachsene zu behandeln, also mit Respekt und der Forderung nach Eigenverantwortlichkeit und guten Ergebnissen.

Die vorgestellte Trennung der Zuständigkeiten wirkt zugegebenermaßen statisch, ist aber erforderlich, um den Blick freizubekommen für die jeweiligen Verantwortlichkeiten. Im täglichen Arbeitsleben funktioniert das Ganze selbstverständlich nur über eine vertrauensvolle und sachgerechte Zusammenarbeit und einen dazu parallelen Informationsaustausch zwischen Vorgesetzten und Mitarbeitern. Zusammenarbeit und Informationen sind die »Schmiermittel« der Arbeit.

Die Beurteilung der qualitativen und quantitativen Ergebnisse der Mitarbeiter liegt allein bei den unmittelbaren Vorgesetzten. Deshalb benötigen Sie insbesondere auf den unteren Führungsebenen (Meister, Betriebsleiter, Gruppenleiter, Abteilungsleiter) hervorragende Fachleute, die zur Ergebnisbewertung in der Lage sind, nicht formalistisch, sondern in der täglichen Zusammenarbeit eingebettet. Gut oder schlecht sind Dinge des Alltäglichen und müssen als solche zeitlich unmittelbar angesprochen werden, und nicht erst beim Beurteilungsgespräch einmal im Jahr. Das wirkt zu spät oder sogar nachtragend und verfehlt deshalb seine Wirkung.

Für das Ergebnis der (Arbeits-)Gemeinschaften tragen – wie ausgeführt – die jeweiligen Vorgesetzten Verantwortung. Sie sind weisungsbefugt und damit im Obligo.

4.10 Keine Bürokratie für Mitarbeiter

Bürokratie wird von Mitarbeitern ferngehalten, damit sie sich ihren Aufgaben widmen können (Leitsatz neun).

Bürokratie ist uns in diesem Buch schon mehrfach begegnet, zumeist unter dem Vorzeichen, diese zu vermeiden. Hier geht es nun um etwas anderes, nämlich um die Frage, wer die Fragestellungen der unvermeidlichen (von außen) und gewollten (von innen) Bürokratie bearbeitet. Denn eins ist klar, ohne Bürokratie geht es für Unternehmen nicht.

Beginnen muss ich mit einem Geständnis: Der neunte Leitsatz ist in seiner Formulierung, wie nachfolgend zu sehen sein wird, nicht ganz korrekt. Aber beginnen wir Schritt für Schritt.

Betrachten wir zunächst die Beschäftigten, die nicht in der Verwaltung tätig sind. Hier gilt: Bürokratie ist Chefsache; die Mitarbeiter müssen ohne Störung ihrer unmittelbaren Arbeit für den Unternehmenszweck nachgehen können. Zum »Service« des Vorgesetzten gehört hier nicht nur die Sorge für ein erstklassiges Arbeitsumfeld (siehe Leitsatz 7), sondern auch das Abschirmen vor Abfragen, Formularen und anderem »Papierkram«. Das ist keine Kleinigkeit, im Gegenteil, Vorgesetzte sind häufig nicht in der Lage, die Verwaltungsaufgaben für ihre Abteilung zu übernehmen, benötigen also ihrerseits Unterstützung durch Assistenten, die bei der Bewältigung der Administration helfen. Die Verwaltung muss von Spezialisten erledigt werden, nicht nebenbei von Mitarbeitern am Produkt. Diese Aufgabenteilung ist zwingend, wenn die Produktivität erhalten bleiben soll. Mit der gezielten Platzierung von Verwaltungsangestellten außerhalb der Administration geht es nicht um das Aufblähen von Bürokratie, sondern um den Schutz vor ihrer ungesteuerten Ausbreitung.

Der Blick richtet sich aber auch auf die Verwaltung selbst, denn ihre Effizienz kann selbstverständlich ebenfalls unter Bürokratie leiden. Es gibt Kernaufgaben der Verwaltung, die jedes Unternehmen erledigen muss, zum Beispiel Buchhaltung oder Personalbeschaffung. Hier geht es nicht um die Frage, ob diese Aufgaben notwendig sind oder nicht, denn sie sind schlicht überlebenswichtig. Es geht höchstens um die Entscheidung, ob die Arbeiten vom Unternehmen selbst oder von Dienstleistern erledigt werden. Liegen diese Kernbereiche im Unternehmen, müssen selbstverständlich auch sie vor (unnötiger) Bürokratie geschützt werden, die, analog zum weiter oben Gesagten, auch hier »Chefsache« ist und gegebenenfalls aufgrund ihres Umfangs an Assistenten delegiert werden muss. Vollzieht man diese Aufgabenteilung in der Administration nicht, verliert das Unternehmen seine Spezialisten. Nehmen wir den bereits beschriebenen Menschenkenner aus dem Recruiting. Wenn Sie ihm auch das Bewerbermanagement »aufdrücken« (einen PC bedienen kann schließlich jeder), sucht sich der

Menschenkenner eine neue Position außerhalb Ihres Unternehmens, was für solche Spezialisten eine Kleinigkeit ist. Sie behalten dann Personalfachangestellte, die gerne administrieren, aber keine Menschen beurteilen können.

Im Kern geht es bei Leitsatz neun also um eine geschickte Aufgabenteilung, um der Bürokratie den Schrecken zu nehmen und ihr das Unternehmen nicht zu übergeben.

Zum Schluss noch zur Auflösung der »Inkorrektheit« von Leitsatz neun, die darin besteht, dass selbstverständlich auch Vorgesetzte und Assistenten Mitarbeiter sind, die aber eben nicht vor Bürokratie geschützt werden können. Bei der Formulierung ging schlicht Prägnanz vor Präzision.

4.11 Erfolg

Die moderne Personalführung schafft Voraussetzungen für den Erfolg der Mitarbeiter (Leitsatz zehn).

Der Begriff »Erfolg« ist uns in diesem Buch schon wiederholt begegnet. Hier soll nunmehr umfassender auf ihn eingegangen werden.

Erfolg ist der Tätigkeitsanreiz schlechthin. Aber muss Personalführung ihn deshalb beachten oder sogar för-

dern? Und was ist überhaupt Erfolg, was ein Tätigkeitsanreiz? Die beiden letzten Fragen sind am leichtesten
zu beantworten: Tätigkeitsanreiz heißt, die Tätigkeit
wird um ihrer selbst willen ausgeführt, wobei der Erfolg unmittelbarer Bestandteil der Tätigkeit ist. Die Tätigkeit kommt aus der Sicht des Handelnden zu einem
positiven Ende (Erfolg). Nehmen wir ein Beispiel: Ein
junger Mann backt einen Kuchen. Dieser gelingt, er
schmeckt seinen Freunden und ihm. Er wiederholt das
Kuchenbacken. Erneut gelingt der Kuchen. Weitere
Wiederholungen folgen, das Backen beginnt, Spaß zu
machen, die Tätigkeit geht leicht, immer besser und
schließlich fast wie von selbst von der Hand. Um keine
Langeweile aufkommen zu lassen, löst er während des
Backens komplizierte mathematische Probleme, denn
unser junger Mann ist Mathematiker. Die Backergeb-
nisse entstehen fast ganz von allein aus der Tätigkeit
heraus, begleitet von Erfolg, eben mit einem guten
Ende. Das Beispiel kommt ohne potenzielle Folge-
anreize aus, die konkret in Aussicht gestellt werden
(Festanstellung, höheres Gehalt oder Ansehen) [51].
Und was würde passieren, wenn der Erfolg ausbliebe,
in unserem Beispiel der Kuchen ein ums andere Mal
misslänge? Mit sehr großer Wahrscheinlichkeit würde
der junge Mann seine Backversuche einstellen und
sich anderen Themen zuwenden, weil das Backen ihn
überfordert hätte und deshalb ohne Erfolg geblieben
wäre.

Erfolg und der »Flow« des amerikanischen Wissen-
schaftlers Mihály Csikszentmihályi [52] sind nicht das-

selbe, auch wenn man es eventuell auf den ersten Blick meinen könnte. Flow meint eine Tätigkeit, die mit völliger Vertiefung (Konzentration) und Aufgehen (Absorption) verbunden ist. Damit einher gehen, ähnlich wie beim Erfolg, Spaß und Freude an der Tätigkeit sowie eine hohe Zufriedenheit und Identifikation. Der Unterschied liegt in den Voraussetzungen. Flow benötigt ein »In-etwa-Gleichgewicht« zwischen Anforderungen und Fähigkeiten, es darf nicht zu Über- oder Unterforderungen kommen. Erfolg hingegen verträgt sich durchaus mit Unterforderung, wie unser junger Mann anschaulich zeigt, als er in der fortgeschrittenen Phase des Backens nebenbei Mathematikaufgaben löst; mit Überforderung verträgt sich Erfolg hingegen nicht. Flow und Erfolg können sowohl materielle als auch immaterielle Produkte zum Ergebnis haben. Beide können gemeinschaftlich und individuell erreicht werden.

Im Unternehmen gibt es drei Erfolgsformen: den *Unternehmenserfolg*, den *täglichen (kleinen) Erfolg* und den in längeren Zeitabständen auftretenden *(großen) Erfolg*.

Der *Unternehmenserfolg* ist typischerweise ein Gemeinschaftserfolg. Alle, die einen positiven Beitrag zum Überleben des Unternehmens durch ihre Arbeitsergebnisse geleistet haben, das dürfte regelmäßig die erdrückende Mehrheit der Belegschaft (um neunzig Prozent) sein, haben Anteil am Unternehmenserfolg, aber nicht jeder in gleichem Umfang. Der Einfluss von

Entscheidungen der Unternehmensleitung ist sicherlich größer als der von Mitarbeitern zum Beispiel in der Produktion oder in der Buchhaltung. Auch wenn die Einflussnahme der Unternehmensmitglieder unterschiedlich ist, wirkt der Unternehmenserfolg doch gleichmäßig auf alle, denn hohe Erträge, gepaart mit nachhaltigem Wachstum und einem guten Ausblick, sind das Fundament für Zuversicht, Vertrauen und Sicherheit. Die Arbeitsplätze sind sicher, man vertraut zu Recht in die Stärke des Unternehmens und ist stolz darauf, dazuzugehören. Zuversichtlich packt man neue Investitionen und Projekte an. Unternehmenserfolg schafft ein ausgesprochen positives Klima, in dem man gerne seine Chance für mehr Verantwortung und Karriere sucht. Jeder, der schon einmal ein erfolgreiches und im Gegensatz dazu ein nicht erfolgreiches Unternehmen besucht hat, weiß, wovon ich spreche. Man spürt den Unterschied bereits beim Eintritt mit jeder Faser. Der Unternehmenserfolg wirkt als »Stimmungsaufheller« [53], aufgrund dessen mehr gelacht wird und man befreiter arbeitet, denn Existenzsorgen belasten nicht oder weniger. Man schaut nach vorne, befasst sich mit Markt und Kunden, dem Unternehmenszweck eben, und müht sich nicht mit den Fehlern der Vergangenheit ab, die häufig Gegenstand von »lessons learnt«-Veranstaltungen der Personalentwicklung sind und dort mehrfach wiedergekäut werden [54]. Von solchen Seminaren, und hier greife ich Kapitel fünf vor, geht keine Aufbruchstimmung aus, sie führen vielmehr zur kollektiven Depression oder, um sich vor dieser zu schützen, zum kollektiven »Ausblenden«.

Der *tägliche Erfolg* ist entgegen dem Unternehmenserfolg genau am anderen Ende der Erfolgsskala platziert, er ist typischerweise individuell. Es geht um das Ergebnis der täglichen Arbeit. An diesem muss der Mitarbeiter seinen Erfolg ablesen können. Wenn er am Abend mit dem guten Gefühl nach Hause gehen kann, dass er seine Aufgabe erfüllt hat, dass nichts Unerledigtes drückt, dann ist das der Erfolg, der gemeint ist und der über viele Nachteile hinweghilft. Täglicher Erfolg kann überall auftreten, beim Chefarzt in Form gelungener Operationen, beim Piloten durch pünktliche Flüge ohne negative Vorkommnisse, beim Arbeiter in der Automobilindustrie aufgrund fehlerfreier Leistungen am Fließband. Gerade hier zeigen sich aber auch exemplarisch und anschaulich die Nachteile einer sehr arbeitsteiligen Welt, wie wir sie nicht nur, aber häufig in der Produktion vorfinden: eine erhebliche Fremdbestimmung, bei der Freiräume Mangelware sind. Ein vorgegebener Arbeitsrhythmus, wenig Kommunikation sowie eine gewisse Monotonie durch immer wiederkehrende Handgriffe sind an der Tagesordnung. Lärm und Schmutz kommen nicht selten hinzu. Dennoch ist die Arbeitszufriedenheit und Identifikation mit dem Unternehmen nicht niedriger als in anderen Unternehmensbereichen. Und genau dafür sorgt der tägliche Erfolg. Er sorgt nach Feierabend für das gute Gefühl: Die Arbeit ist getan. Sie verdrängt nicht Familie, Freunde und Hobbys. Das sorgt für Ausgewogenheit und Gleichgewicht [55].

Täglicher Erfolg tritt nicht überall auf, und dort, wo er vorkommt, hat er nicht immer die gleiche Wirkung. Festhalten kann man aber, dass die Voraussetzung eine präzise Vorstellung über das Ergebnis des Einzelnen an einem Arbeitstag ist, das von Unternehmensseite als positiver Beitrag gewertet wird. Teilweise ergibt sich der tägliche Erfolg von selbst, zum Beispiel durch die Taktzahl des Fließbands, teilweise muss er durch Vorgesetzte definiert und benannt werden.

Kommen wir zum *großen Erfolg*, der im Vergleich zu den vorher beschriebenen Formen eher selten ist. Typische Beispiele sind der gute Schulabschluss, die Gesellen- und Meisterprüfung, der Universitätsabschluss, die Promotion, das erfolgreiche Projekt im Großanlagenbau, das patentfähige Forschungsergebnis, die Berufung in den Vorstand usw. Auf diese Ereignisse arbeitet man häufig über Jahre hin. Ist das Ziel erreicht, ist die Freude entsprechend groß, allerdings mit einem Wermutstropfen: die Leere danach. Welches neue Ziel kommt nun? Steckt man sich überhaupt noch einmal ein großes Ziel mit all dem persönlichen Aufwand?

Mag der große Erfolg für den Erfolgreichen auch zwiespältig sein, für das Unternehmen ist er überlebenswichtig. Das besondere Engagement des Einzelnen benötigt das Unternehmen unbedingt, egal, ob in der Ausbildung, der Forschung, der Projektabwicklung oder bei der Übernahme von Gesamtverantwortung, um nur einige Beispiele zu nennen. Ohne ein herausragendes Engagement des Einzelnen verliert das Unternehmen seine Wettbewerbsfähigkeit und geht unter. Der große Erfolg benötigt im Vorfeld die besondere Förderung. Beides muss miteinander in Einklang stehen. Dieser Einklang ist im Übrigen auch das schlagende Argument für den Unterschied und gegen die Gleichmacherei. Das entscheidende Problem liegt allerdings auch auf der Hand, man muss mit Unsicherheit fördern, denn erst kommt die Förderung, dann (eventuell) der Erfolg.

Zurück zu den Ausgangsfragen dieses Abschnitts: Sollte man Erfolg fördern und kann man das überhaupt? Das kommt darauf an, von welchem Erfolg wir sprechen.

Der Unternehmenserfolg ist ein Stück weit das Resultat der anderen Erfolge, steht aber auch für sich, hat also ein Eigenleben. Dieses hängt überwiegend von der Unternehmensleitung ab, denn dort werden die Entscheidungen getroffen, die über Wohl und Wehe des Unternehmens entscheiden. Ein Einfluss ist eigentlich nur über die Auswahl der Vorstände, Geschäftsführer und deren Aufsichtsräte möglich. Das ist natürlich nicht einfach, geht es doch um den Einzelnen, aber auch um die passende Zusammensetzung des Kollegiums, in dem der Kandidat zukünftig interagieren soll. Gesucht wird idealerweise ein charakterfester, führungsstarker Fachmann mit hoher Intelligenz und Erfahrung, der ein »Weitwinkel- und Telegehirn« hat, das ihm den Blick aus verschiedenen Richtungen mit differenzierter Detailgenauigkeit auf das Unternehmen erlaubt, der Unternehmens- über eigene Interessen stellt und die anderen Kollegen sächlich, charakterlich und als Person optimal ergänzt. Dass die Suche einer solchen Persönlichkeit nicht einfach ist, liegt auf der Hand. Keinesfalls ist es mit einem Gespräch oder zwei Gesprächen getan, auch dann nicht, wenn der Aufsichtsratsvorsitzende Menschenkenner im Sinne dieses Buches ist. Fünf bis sechs Treffen sind sicherlich notwendig, um ein gutes Kennenlernen mit all seinen Facetten zu ermöglichen. Die Einstellung eines Vorstandsmitglieds erfolgt nicht im Vorbeigehen, aber selbst bei aller Sorgfalt gehört immer auch etwas Glück dazu, die richtige Persönlichkeit einzustellen. Das mag man nicht gerne hören, aber es ist so, denn keiner kann in den anderen schauen, und die Seele des Menschen ist tief, sehr tief [56].

Auf den täglichen Erfolg hat meiner Meinung nach das Unternehmen, genauer der unmittelbare Vorgesetzte, einen deutlich größeren Einfluss. Er schafft über einen modernen Arbeitsplatz die Voraussetzung und über die Definition eines guten Tagesergebnisses die Messlatte für den täglichen Erfolg. Die Bandbreite für ein gutes Ergebnis ist so groß wie die Vielfältigkeit der Berufe. So kann ein gutes Arbeitsergebnis darin bestehen, eine gewisse Anzahl Schuhe mit hervorragender Qualität zu reparieren, Porzellanteller fehlerfrei zu pressen oder zu dekorieren, Reifen zu wechseln, Sitze in Autos einzubauen, Türschlösser zu montieren, Operationen ohne Fehler durchzuführen, Hemden oder Hosen zu nähen, Kuchen zu backen oder Zahn-prophylaxen durchzuführen. Das Tagesergebnis muss nicht zwangsläufig quantifiziert sein, um den täglichen Erfolg zu bestimmen. So kann der Erfolg einer Bäcke-reiverkäuferin darin bestehen, alle Kunden freundlich und zuvorkommend zu bedienen, oder der eines Lo-komotivführers darin, die Zuginsassen pünktlich an ihr Ziel zu bringen. Entscheidend ist, dass die Tätigkeit eine sinnvolle Reduktion auf den Tag zulässt.

Der unmittelbare Vorgesetzte übernimmt die sehr wichtige Aufgabe, eine Vorstellung darüber zu ent-wickeln, wann ein Arbeitsergebnis gut ist und somit einen positiven Beitrag zum Überleben des Unter-nehmens darstellt. Das ist weniger formalistisch, als man denkt. Häufig haben miteinander verzahnte Ar-beiten einen bestimmten Arbeitsrhythmus, der das Tagespensum definiert. In anderen Fällen haben Vorgesetzter und Mitarbeiter gleiche Vorstellungen über ein gutes tägliches Arbeitsergebnis, man ver-steht sich »blind«. Da, wo eine klare Definition er-forderlich ist, kann und sollte sie so häufig wie sinn-voll in Bandbreiten genannt werden. Fünf Fahrrad-reparaturen sind ein guter Tagesschnitt, das heißt, es können auch, je nach Schwierigkeitsgrad, zwei oder zehn sein. So etwas kann nur vor Ort, nicht in irgendeinem fernen Gremium bestimmt werden: ide-alerweise zwischen unmittelbarem Vorgesetzten, der eine Führungskraft mit hervorragendem Fachwissen ist und der seinen Verantwortungsbereich im Griff hat, und Mitarbeitern, die ebenfalls gutes Fachwissen besitzen und ihre Arbeit voll beherrschen. Das letzte Wort hat der Vorgesetzte.

Kommen wir zum großen Erfolg. Ist der kleine (tägliche) Erfolg häufig mit fremdbestimmter Arbeit verbunden, steht der große Erfolg im Gegensatz dazu im Zusammenhang mit Freiheit und Förderung. Für den großen Erfolg gilt: Von nichts kommt nichts, oder anders ausgedrückt, ohne Förderung geht es nicht. Ich denke, das ist weitestgehend unstrittig. Anders sieht es bei der Frage aus, wer gefördert werden soll, die Breite oder die Spitze? Diese aus der Sportförderung entlehnte Fragestellung passt bei Unternehmen nicht ganz, hat aber durchaus Relevanz, wie Sie an der Antwort sehen werden. Die Förderung sollte sich auf die Spitze und auf den handverlesenen Nachwuchs konzentrieren, weil eine solche Allokation den größten Nutzen, sprich Erfolg, verspricht. Über Nachwuchsarbeit hatte ich schon im Zusammenhang mit Leitsatz zwei gesprochen. Deshalb hier nur noch einmal wenige Sätze zum Thema. Qualifizierter Nachwuchs ist für Unternehmen überlebenswichtig. Kontinuität und darauf aufbauende gute Kontakte zu Schulen und Hochschulen bzw. zu deren angehenden Absolventen zahlen sich heute bei knapperem Angebot aus. Sorgen Sie für einen hervorragenden Einstieg ins Unternehmen, denn dann ziehen zufriedene junge Auszubildende, Praktikanten und Berufseinsteiger Absolventen folgender Jahrgänge ihrer Schulen und Universitäten nach. Investieren Sie nur in guten Nachwuchs, von dem Sie erwarten, dass er die gesteckten

Ziele erreicht; gehen Sie deshalb keine Kompromisse bezüglich Persönlichkeit, Charakter und Fähigkeiten ein. Geben Sie mehr Frauen eine Chance, auch wenn der Beruf eher männertypisch ist. Werden Sie in der Ausbildung internationaler, wenn Ihre regionalen Bemühungen die Lücken bei den Ausbildungszahlen partout nicht schließen können.

Wer gehört zur Spitze und verdient deshalb eine herausgehobene Förderung? Diese Frage ist zwar theoretisch gut zu beantworten, in der Praxis, wenn es um die konkrete Benennung geht, aber mit Ecken und Kanten behaftet ist, die so manches Problem aufwirft.

In der Theorie geht es um besonders begabte und engagierte Mitarbeiter, die in der Lage sind, schwierige und relevante Probleme für das Unternehmen zu lösen und das Ergebnis umzusetzen. Hierfür hatte ich den Begriff »Könner« weiter oben eingeführt. Es geht aber nur um eine Teilmenge von Könnern, nämlich um diejenigen, deren Ergebnisse einen wirklichen Wettbewerbsvorteil für das Unternehmen hervorrufen. Das können wichtige Patente in der Pharmaindustrie, neue Antriebe in der Automobilindustrie, Großprojekte im Anlagenbau mit Referenzstatus, künstlerisch hervorragende Formen in der Porzellanindustrie oder auch eine Organisation mit minimaler Bürokratie sein, um nur einige Beispiele zu nennen. Menschen, die solche Ergebnisse realisieren, liefern den großen Erfolg. Ihre Förderung ist vielschichtig, sie beginnt bei einer guten personellen und finanziellen Ausstattung, geht weiter zu Freiräumen mit sehr wenig Bürokratie, zu wiederkehrend herausfordernden Aufgaben und endet last, but not least bei der Beförderung. In der Regel »drängen« sich diese hervorragenden Könner mit ihren Arbeitsergebnissen auf. Die oben angesprochenen Ecken und Kanten bestehen also nicht im Kennen der entsprechenden Mitarbeiter, sondern in der Grenzziehung zu anderen. Fünf oder zehn Könner, bei großen Unternehmen vielleicht auch einmal zwanzig, das ist die Gruppe der Besten. Wer nicht hervorragend, sondern »nur« sehr gut ist, gehört nicht zu dieser Gruppe, obwohl er das aus seinem Blickwinkel vielleicht anders sieht. Diese unterschiedliche Sicht birgt das Potenzial für Konflikte. Natürlich werden die Besten nicht benannt, aber die Entscheidungen zu ihren Gunsten zeigen ihre Privilegien auf. Wenn die Wahl bei einer Beförderung auf einen Könner aus dem Kreis der Besten fällt, mag der sehr gute Konkurrent frustriert sein, wenn die Realisierung eines Prestigeprojekts einem der Besten übertragen wird, werden sehr gute Kollegen nicht unbedingt begeistert sein. Das sind die Ecken und Kanten, die ich meine. Um der Existenz des Unternehmens willen muss die Organisation das aushalten. Schwarz-Weiß-Situationen sollten allerdings vermieden werden, also die Besten bekommen alles, die anderen nichts. Damit würde man das Unternehmen erst recht gefährden. Wie fast immer liegt die Lösung in den Grauschattierungen, um im Bild zu bleiben. Außerdem atmet die Gruppe der Besten ein und aus, das heißt, Mitglieder kommen und gehen. Damit ergeben sich Chancen, sich als einer der Besten zu etablieren.

Erfolg kommt immer allen (der Gemeinschaft) zugute. Die Familie Ford wurde, verkürzt gesagt, als Pionier der Großserienfertigung mittels Fließband und durch ihr Ziel, jedem Durchschnittsamerikaner ein robustes Automobil zu einem »bezahlbaren« Preis zu verkaufen, sehr reich. Der Erfolg wirkte sich aber nicht nur positiv auf die Familie Ford aus, sondern zumindest auf alle Menschen der Industrieländer [57]. Durch die Einführung der Fließbandfertigung in der Wirtschaft kam es zu einem Produktivitätswachstum, wie man es sich bis dato nicht vorstellen konnte. Damit verbunden war eine Wohlstandsexplosion, von der die Bevölkerung als Ganzes profitierte, letztlich alle Bewohner, wenn auch nicht alle im gleichen Umfang. Das Wohlstandswachstum für alle war um ein Vielfaches höher als der Vermögenszuwachs der Familie Ford. Natürlich hat nicht jeder Erfolg die Flächenwirkung wie der der Familie Ford. Aber jeder Erfolg hat auch eine Wirkung für und auf die Gemeinschaft. An dieser sich aus dem freien Zusammenspiel ökonomischer Kräfte ergebenden Verteilung der Früchte des Erfolges sollte man nichts ändern, um keine Wohlstandsnachteile für alle hinnehmen zu müssen. Betriebliche oder gesellschaftliche Neiddebatten sind jedenfalls vor diesem Hintergrund fehl am Platze, weil das Wohlstandswachstum der Gemeinschaft in Summe, durch vielfältige Multiplikatoren verursacht, immer größer ist als das des Erfolgreichen.

4.12 Entfaltung

Die moderne Personalarbeit betreibt keine Personal-entwicklung, sondern hilft den Mitarbeitern bei ihrer Persönlichkeitsentfaltung, nicht irgendwohin, sondern orientiert an den Veranlagungen der Mitarbeiter und den Bedürfnissen des Unternehmens, damit eine »Win-win-Situation« entsteht (Leitsatz elf).

In Vorstellungsinterviews war es modern, nach den Schwächen zu fragen. Mit fast einhundertprozentiger Sicherheit kam die Antwort: »Ich bin manchmal etwas ungeduldig.« Wenn Bewerberinnen die Frage vorgelegt bekamen, wurde auch schon einmal mit: »Ich kann Schokolade nicht widerstehen« kokettiert. Dass das nicht die Schwächen sind, ist offensichtlich. Die tatsächlichen Schwächen nennt man nicht, denn Schwächen machen schwach, unterlegen. Und wer möchte das schon sein? Das ist allerdings nur eine Seite der Medaille, denn derjenige, der fragt, kommt in eine überlegene Position, da es nicht um seine, sondern um die Schwächen seines Gesprächspartners geht.

Dieses Spiel mit den Makeln anderer setzt sich fort, denn Vorgesetzte thematisieren gerne die Schwächen anderer, vordergründig selbstverständlich nur, um zu helfen, tatsächlich aber, um die eigene Position in Relation zu den Mitarbeitern herauszuheben. Das ist nicht schön, aber menschlich, führt für das Unternehmen jedoch zu erheblichen Nachteilen, weil man sich mit dem Falschen beschäftigt, eben mit den Schwächen.

Schwächen sind hartnäckig und anhänglich in einem Ausmaß, dass sie quasi unausrottbar sind. Bereits ihre Reduktion verschlingt enorme Mittel und sorgt mit absoluter Gewissheit für eine ineffiziente Personalentwicklung. Vorgesetzte wenden sich an den Personalentwickler und bitten um Unterstützung bei der Behebung von Schwächen bestimmter Mitarbeiter. Dienstbeflissen vertieft sich der Personalentwickler in diverse Seminarkataloge, ruft ihm bekannte Trainer an und präsentiert maßgeschneiderte Seminare einschließlich über ein Jahr verteilter Follow-ups, an deren Ende selbstverständlich die Ausrottung der Makel mit Stumpf und Stiel steht. Der Alltag kommt zurück, die Defizite auch. Und das ist Ineffizienz. Deshalb: Das Denken in Schwächen gehört zu den großen Führungsproblemen. Es muss durch ein Denken in Stärken ersetzt werden. Wer Schwächen in den Mittelpunkt stellt, ist eher pessimistisch, defensiv ausgerichtet, wer Stärken betont und ausbaut, wird von Optimismus und Zuversicht geleitet. In den Ausführungen zu Leitsatz acht hatte ich eine Reihe von Beispielen aufgeführt und erklärt, warum es so schwer ist, menschliche Nachteile zu beheben, so weit es überhaupt möglich ist. Ein Unternehmen überfordert es jedenfalls. Denken Sie immer an Ihre Schulzeit zurück, am besten an Ihren Mathematikunterricht. Engagierte Pädagogen, also Vollprofis, haben es in dreizehn Jahren nicht geschafft, unbegabten Schülern Mathematik beizubringen. Und mit diesem Gedanken im Hintergrund untersagen Sie jedwede Schwächentherapie.

Mit menschlichen Defiziten lebt es sich besser, als man denkt, denn die meisten Schwächen sind, schaut man genauer hin, nicht objektiv, sondern relativ im Sinn von »nur in bestimmten Situationen« wirksam. Das nimmt doch einiges von ihrem »Schrecken«, vor allem, wenn man im Gegenzug auf Stärken setzt und diese gezielt ausbaut.

In der Welt der Stärken bewegt man sich auf einem deutlich höheren Level der Mitarbeiterförderung. Das Ganze beruht auf der einfachen Überlegung, den Schub der menschlichen Talente in Form von vorhandenem Können, von Sicherheit und Freude am Thema zu nutzen bzw. darauf aufzubauen. Sie werden Effizienzsprünge in der Mitarbeiterförderung erleben. Es zeugt von Respekt vor der Persönlichkeit des Mitarbeiters, seine Talente zu unterstützen und ihn damit anzuerkennen. Deshalb nenne ich diese Form von Förderung Persönlichkeitsentfaltung. Im Unterschied zur klassischen Personalentwicklung kennt die Persönlichkeitsentfaltung nur Stärken, Talent und daraus keimenden Förderungserfolg.

Und was machen wir mit den hoffentlich seltenen nicht hinnehmbaren Schwächen?

Versetzen Sie den Mitarbeiter auf einen geeigneten Arbeitsplatz oder lösen Sie das Arbeitsverhältnis auf.

Im Zentrum der Persönlichkeitsentfaltung steht einmal mehr der direkte Vorgesetzte, hier im Zusammenspiel mit der Personalabteilung. Seine Einschätzung der Mitarbeiterstärken, basierend auf seinen Erkenntnissen aus der (täglichen) Zusammenarbeit, ist eine Grundlage der Persönlichkeitsentfaltung. Die andere Grundlage bilden die Förderungsmöglichkeiten des Unternehmens, die durch dessen Bedarf determiniert sind. Beide werden zwischen Vorgesetztem und Personalabteilung besprochen. Die sich daraus ergebenden konkreten Maßnahmen organisiert die Personalabteilung, gleich, ob es sich um rein fachliche Seminare, Kongresse oder Ähnliches handelt oder um Entsendungen, Führungsseminare und -veranstaltungen oder nebenberufliche Studien. Steht der nächste Karriereschritt vor der Tür, übernimmt ein internes Einstellungskomitee unter Leitung eines Menschenkenners die Auswahl und Organisation.

Karrierepfade werden nicht besprochen, gefördert wird vor dem Hintergrund der aktuellen Aufgabe oder der nächsten Station, so weit diese konkret ansteht. Alle Führungskräfte werden wiederkehrend zu den zwölf Leitsätzen der Personalführung dieses Buches geschult, durch gemeinsame Veranstaltungen und individuelle Coachings, die als Hilfe zur Lösung der Tagesprobleme auf dem Gebiet der Führung konzipiert sind. Entscheidend ist, dass die Leitsätze fest verankert sind und Eingang in das Führungsverständnis und die Führungsarbeit finden.

4.13 Besetzung

Die erfolgreiche Personalarbeit besetzt Positionen mit den »richtigen« Mitarbeitern, indem sie für Beschäftigte die »richtigen« Stellen sucht (Leitsatz zwölf).

Noch einmal [58]: Im Grundsatz muss man mit den Mitarbeitern auskommen, die man hat, denn es gibt am Arbeitsmarkt keine besseren [59]. Dieser Aussage des Unternehmensberaters Reinhard Sprenger kann man nur beipflichten. Die Quelle neuer qualifizierter Mitarbeiter sollte, wie beschrieben, zuallererst die eigene Nachwuchsarbeit und -förderung sein. Der erste Arbeitsmarkt bietet überwiegend unstete Lebensläufe, durchschnittliche, nicht selten auch unterdurchschnittliche Leistungen mit schmaler Erfahrung und hohen Forderungen, denn man möchte sich natürlich verbessern. Das gilt selbstverständlich nicht pauschal, aber in der Tendenz. Auch das Internet ändert an dem Qualitätsdefizit nichts. Wer sich auf den Arbeitsmarkt verlässt, ist, etwas überspitzt formuliert, verlassen.

Der erste Blick bei einer notwendigen Neubesetzung sollte also auf die eigene Belegschaft gerichtet sein, wobei das eigentlich schon zu spät ist. Die Vorsorge für eine Stellenbesetzung von innen muss, soll sie erfolgreich sein, eher beginnen, und zwar unabhängig von den Stellenbesetzungen in der Zukunft, denn Letztere kennt man bekanntlich nicht. Man sollte sich breit aufstellen, um Vakanzen qualifiziert besetzen zu können.

Bei diesem Thema spielt wiederum der unmittelbare Vorgesetzte eine entscheidende Rolle. Er hat das beste Bild seiner Mitarbeiter durch die tägliche intensive Zusammenarbeit. Er muss die grundsätzliche Frage klären: Was ist besser für den Mitarbeiter, auf seiner Position zu verbleiben oder eine neue Aufgabe zu übernehmen? Auf der Basis seiner Einschätzung führen dann weitere Vorgesetzte und Mitarbeiter der Personalabteilung wiederholt Gespräche mit den Kandidaten, die für neue und andere Positionen infrage kommen. Hierdurch erhalten Führungskräfte und die Personalabteilung einen Überblick und das Wissen, das für treffende Neubesetzungen offener Positionen unerlässlich ist [60].

Mit diesem Rüstzeug im Gepäck starten die Verantwortlichen in den eigentlichen Prozess: die Suche nach geeigneten Positionen. Dieses Vorgehen ist proaktiv und bietet eine Reihe von Vorteilen. Der Suchprozess läuft fortwährend und zielt nicht auf Vakanzen ab, sondern löst die Probleme im Vorfeld, sodass es erst gar nicht zu offenen Stellen kommt. Die Sicht auf die eigene Belegschaft reduziert den Bedarf vom ersten Arbeitsmarkt drastisch, sorgt für Qualität und Sicherheit bei der Personalauswahl und schafft Einstiegsmöglichkeiten für den schulischen und universitären Nachwuchs.

Mitarbeiter, die nicht im Fokus der Führungskräfte stehen, haben selbstverständlich die Möglichkeit, sich auf interne Stellenausschreibungen zu bewerben. Ein fairer Umgang mit deren Bewerbungen ist selbstverständlich.

Noch ein Wort zum internen Stellenmarkt. Im Zuge der immer weitergehenden technischen Möglichkeiten bilden sich verstärkt internationale interne Stellenmärkte, auf die jede Niederlassung oder Tochterfirma (Anbieter) Zugriff hat und in die jeder Konzernmitarbeiter (Nachfrager) Einblick nehmen kann. Das ist gut gemeint und scheinbar optimal, tatsächlich führt es aber zum Erliegen der so wichtigen internen Stellenmärkte. An meinem Plural am Ende des letzten Satzes merken Sie bereits, wo das Problem liegt: Es gibt nicht einen Stellenmarkt, sondern regional bedingt mehrere. Grob gesagt sind die Anzahl der Nationen, in denen das Unternehmen vertreten ist, und die Anzahl der Stellenmärkte identisch. Den einen Stellenmarkt gibt es nicht, denn hohe Markteintrittsbarrieren wie Entsendungskosten, Kultur, Sprache, Ausbildung etc. spalten den Stellenmarkt in mehrere parallel existierende Submärkte auf. Ich empfehle daher, nicht grundsätzlich global, sondern regional vorzugehen. Offene Positionen sollten zunächst in regionalen internen Jobbörsen veröffentlicht werden. Das örtliche Management entscheidet darüber hinaus, ob gegebenenfalls der globale Stellenmarkt des Konzerns als Verbreitungsgebiet der Stellenanzeige gewählt wird. Hierdurch erreicht man eine deutliche Entschlackung der globalen Jobbörse des Konzerns von gut gemeinten, aber sinnlosen Bewerbungen, die aufgrund der Markteintrittsbarrieren nicht zum Zuge kommen. Die Erfahrung zeigt, dass achtzig bis neunzig Prozent der internen Stellenanzeigen regional gut aufgehoben sind. Nur zehn bis zwanzig Prozent der offenen Positionen benötigen die globale Plattform, um eine ausreichende Zahl von Bewerbern zu generieren, bei denen man dann auch bereit ist, hohe Investitionen vorzunehmen, um vorhandene Markteintrittsbarrieren zu überwinden. Wenn also zukünftig eine Sekretärin im Tochterunternehmen in Kalifornien gesucht wird, schaltet die örtliche Personalabteilung die Suchanzeige auf der kalifornischen internen Plattform und nicht weltweit. Anders sieht es aus, wenn die Stelle des Forschungsleiters besetzt werden muss. Die Personalabteilungen Ihres Konzerns werden Ihnen die Abkehr vom »globalen Muss« und die Hinwendung zum »globalen Kann« danken, denn sie bekommen mehr Freiraum für andere Aufgaben und ersticken nicht in der Bürokratie von Hunderten nicht passenden Bewerbungen. Umgekehrt werden Bewerber nicht auf eine falsche Fährte gelockt, indem man ihnen Positionen offeriert, die für sie nicht infrage kommen. Das erspart frustrierende, nichtssagende Absagen am Fließband und erhält die internen Jobbörsen als sehr wichtigen Marktplatz für neue Aufgaben.

5 Zurückhaltung

In Kapitel vier haben Sie Personalführung kennengelernt, wie sie sein sollte: auf der einen Seite fordernd, wenn es um Ergebnisse, Verantwortung und Können geht, auf der anderen Seite reserviert, wenn es um Komplexität, Bürokratie, Kontrolle, extrinsische Motivierung und Eingriffe (Übergriffe) in (auf) die Persönlichkeit des Mitarbeiters geht. Auch wenn es nicht explizit angesprochen wurde, so ist uns bereits hier Zurückhaltung begegnet.

Was ist Zurückhaltung? So wie sie in diesem Buch verstanden wird, bedeutet sie Verzicht und Gewinn. Man soll sich auf das absolut Notwendige, auf den Kern wirtschaftlichen Handelns, auf den Unternehmenszweck konzentrieren. Das ist extrem schwer, auch wenn es am Ende leicht aussieht. Man muss Aufgaben, Themen, Prozesse und Probleme sehr genau durchdenken und von Grund auf verstehen, wenn eine Reduzierung von Komplexität hin zum Wesentlichen und Notwendigen gelingen soll. Man muss auf das Richtige verzichten, um Freiheit für das Wichtige zu gewinnen. Das ist die Kunst der Zurückhaltung.

Wenn Sie auf die Personalinstrumente Ihres Unternehmens schauen, werden Sie mit großer Wahrscheinlichkeit Übereinstimmungen, aber auch deutliche Unterschiede zu den zwölf Leitsätzen von Kapitel vier wahrnehmen. Viele gängige Instrumente sind überhaupt nicht erwähnt oder mit negativem Vorzeichen behaftet, weil nicht notwendig, zum Teil dem Unternehmenszweck entgegenwirkend oder die Privatsphäre des Mitarbeiters missachtend. Gerade hier ist Zurückhaltung im Sinne von nicht ausweiten, nicht einführen, eher eindämmen oder sogar abschaffen geboten.

Einige dieser Instrumente werde ich nunmehr vorstellen und diskutieren.

5.1 Zeit

Zeit gehört von der Geburt bis zum Sterbebett zu einem unserer treuesten Begleiter, sie zu messen und zu strukturieren seit Jahrtausenden zu einem Grundbedürfnis der Menschen. Als Referenz haben wir dabei die zeitlich präzisen Bewegungen unseres Heimatplaneten Erde gewählt [61]. Heute verfügen Milliarden von Menschen über Zeitmesser in Form von Uhren, Computern oder Mobiltelefonen. Sie alle messen und bestimmen kontinuierlich die Zeit. Damit erleben wir Zeit gleich, was eine enorme Erleichterung bei der Koordination unserer Tätigkeiten ist. Zudem schafft Zeitmessung Zeitobjektivität: Auch wenn uns eine halbe Stunde Wartezeit an der Bushaltestelle länger vorkommt als dreißig Minuten im Kino, zeigt ein Blick auf die Uhr, dass wir uns getäuscht haben.

Eine Zeitmessung ist also vernünftig, sinnvoll und zweckmäßig. Aber gilt dies immer und speziell für die Arbeitszeit? Als ich am Anfang dieses Buches stand, hätte ich klar Nein gesagt, denn die betriebliche Zeitmessung lenkt vom Ergebnis, vom Unternehmenszweck ab, weil sie es bzw. ihn nicht zum Gegenstand hat. Sie zielt, wie wir aus Abschnitt 4.2 wissen, auf den Input ab, und hier nicht auf die Arbeitszeit, sondern auf die Anwesenheitszeit. Aus ökonomischer Sicht ist eine Zeiterfassung daher nicht empfehlenswert. Mein Rat an Sie wäre gewesen: Schaffen Sie die Zeiterfassung so weit wie möglich, also möglichst komplett, ab [62].

Und nun stehe ich mitten im Buch und kann Ihnen diese Empfehlung nicht mehr geben, da der Europäische Gerichtshof in der Zwischenzeit entschieden hat, dass jeder Arbeitnehmer ein Menschenrecht auf ein Zeitprotokoll hat; Zeiterfassung wird damit zur unternehmerischen Pflicht erhoben. Es geht also nicht mehr um die Frage, ob Zeiterfassung ökonomisch Sinn macht oder nicht, es geht jetzt um einen Weg, Zeiterfassung und Ökonomie so unter einen Hut zu bringen, dass Letztere keinen Schaden nimmt, das Ergebnis und der Kunde im Mittelpunkt bleiben und dementsprechend nicht von Zeitkonten verschiedenster Couleur abgelöst werden.

Funktioniert diese Form »der Quadratur des Kreises«? Unter bestimmten Umständen: Ja. Diese Antwort mag Sie nach meinen Ausführungen in Kapitel vier überraschen, deshalb bitte ich um etwas Argumentationsraum, um mich zu erklären. Ein Blick in die Geschichte der betrieblichen Zeiterfassung hilft an dieser Stelle.

Am Anfang stand die Stechuhr für den industriellen Arbeiter. Sie diente allein der Kontrolle und dem Nachweis der täglichen Anwesenheit, auch wenn etwas ungenau von Arbeits- statt von Anwesenheitszeit gesprochen wurde. Zeitsalden oder -übertragungen gab es nicht, die Uhren waren nur auf fünf, zehn oder fünfzehn Minuten genau, um kleinere Unpünktlichkeiten beim Arbeitsanfang oder -ende erst gar nicht anzuzeigen und Diskussionen zum Thema Zeitübertragungen zu vermeiden. Das ist lange her und wurde von den Betriebsräten als unnötige Kontrolle abgelehnt, zumal es im Angestelltenbereich kein »Stechen« gab.

Genau dieser Ursprung der Zeiterfassung sollte in den Mittelpunkt der neuen Zeitdiskussion gerückt werden, denn der ökonomische Nachteil ist bei ihm geringer als bei anderen Zeiterfassungsmodellen, und er ist rechtlich sinnvoll. Er hat die tägliche Anwesenheitszeit im Blick, weil hier die Keimzelle von Missbrauch und Überforderung liegt. Schafft man an dieser Stelle Ordnung, hat man den Kampf gegen Zeitvergehen im Prinzip gewonnen. Zu realisieren ist das mit verhältnismäßig geringem Aufwand. Man sagt, wie lange jeder pro Tag zu arbeiten hat, und dokumentiert dies mit einer gewissen Ungenauigkeit der Zeiterfassung und damit mit Großzügigkeit für beide Parteien, um sich nicht im Minutenbereich, ob zu spät oder zu früh, streiten zu müssen. Verstöße gegen die Zeitregeln werden geahndet; Mehrarbeit, zum Beispiel an freien Tagen, grundsätzlich bezahlt. Erweitert man dieses einfache Modell noch um einige moderne Aspekte, hat man eine ökonomisch verträgliche Lösung, die der Rechtsprechung des EuGH genügt. Verlangen Kunden, Internationalisierung oder Maschinenlaufzeiten längere Anwesenheits- oder Ansprechzeiten, ist dies durch geeignete Schichtmodelle, nicht aber durch mehr Flexibilität abzudecken. Flexibilität ist an dieser Stelle kein probates Mittel, weil diese in der Regel zu unkoordiniert abläuft und nicht vernünftig aufgeht. Darüber hinaus sollte sich der Mitarbeiter so frei wie möglich in der Zeit bewegen können, das heißt insbesondere, er wählt seine Anfangszeit allein nach seinen Bedürfnissen, so weit es die betrieblichen Abläufe zulassen.

Dieses Modell kennt keine Zeitsalden, der Umfang der täglichen Arbeitszeit muss vielmehr eingehalten werden. Abweichungen werden durch den direkten Vorgesetzten genehmigt und ohne Ausnahme pekuniär abgegolten. Es gibt keine Gleitzeit, dafür aber größtmögliche Zeitflexibilität, indem die Lage der täglichen Arbeitszeit von jedem Mitarbeiter frei bestimmt wird, allerdings mit der bereits erwähnten Einschränkung der organisatorischen Machbarkeit, wobei der Tenor nicht auf »verhindern«, sondern auf »ermöglichen« liegen sollte.

Dieses Modell hat gegenüber den landauf, landab anzutreffenden Gleitzeitregelungen, die vor allem im

Angestelltenbereich Platz gegriffen haben, erhebliche Vorteile.

Einfach: Wenn man sich für die Zeiterfassung entscheidet (entscheiden muss), gibt es nichts Einfacheres als dieses Modell. Außer den Komm- und Gehzeiten pro Tag wird nichts erfasst. Kernpunkt ist dabei, dass jeder Mitarbeiter seine tägliche, vertragliche Arbeitszeit einhält, genauer: einhalten muss. Das ist eine Einschränkung der Freiheit, es ist der Tribut für ein einfaches System ohne Zeitsalden. Kommt es zu Abweichungen, zum Beispiel durch angeordnete Mehrarbeit, wird diese separat vom Zeitsystem erfasst und vergütet. Durch die Konzentration auf das Wesentliche, eben auf die tägliche Arbeitszeit, erfüllt man die Vorgaben des EuGH-Urteils am besten. Man packt Zeitmissstände dort, wo sie entstehen, pro Tag.

Übergriffe: Die Privatsphäre des Mitarbeiters ist für das Unternehmen tabu. Umgekehrt gilt dies natürlich auch. Im Speziellen darf der Mitarbeiter sich nicht zulasten des Unternehmens bereichern und dadurch das Gleichgewicht zwischen Ergebnis und Gehalt stören. Hierzu aber öffnen Gleitzeitregelungen Tür und Tor. Zeitguthaben entstehen in seltenen Fällen durch Arbeit an freien Tagen oder indem an die reguläre Arbeitszeit eine Stunde oder zwei Stunden angehängt werden. Viel häufiger ist es anzutreffen, dass positive Zeitsalden durch tägliche Plussalden im Minutenbereich entstehen und anwachsen. Diese homöopathischen Dosen der zusätzlichen Anwesenheitszeit spürt weder der Mitarbeiter durch Mehrbelastung noch das Unternehmen durch ein Ergebnisplus. »Also, was soll's?«, werden Sie möglicherweise denken. Das Problem ist der Abbau der Zeitguthaben, denn der erfolgt nicht in Minuten, sondern ganz überwiegend in Tagen, und die sind für beide Seiten spürbar: für den Mitarbeiter in zusätzlichen freien Tagen, für das Unternehmen in Form von Ergebniseinbußen. Letztere sind nicht zu vernachlässigen, wie folgende Überlegungen zeigen. Zwei Minuten mehr an Anwesenheitszeit pro Tag ergeben einen positiven Zeitsaldo von einem Gleittag jährlich, entsprechend bedeuten zehn Minuten fünf Gleittage. Arbeitet ein Mitarbeiter 40 Jahre in Ihrem Unternehmen und spart seine Zeitsalden auf einem Lebensarbeitszeitkonto an, kommt er auf 200 Tage oder zirka ein Jahr Freistellung vor Rentenbeginn, in Euro etwa 100.000, inklusive Nebenkosten. Eine andere Rechnung zeigt die Relevanz noch deutlicher. Angenommen, ein Unternehmen hat 3.000 Mitarbeiter in Gleitzeit, in 2.000 Fällen ist das beschriebene »problematische« Gleitzeitverhalten zu beobachten, dann muss das Unternehmen 10.000 Gleittage per anno ohne wirkliche Gegenleistung verkraften. Bei einem Personalkostensatz von 40 Euro pro Stunde ergibt sich ein Aufwand von etwa drei Millionen Euro. Hinzu kommen Kosten für den Betrieb des Gleitzeitsystems von einer weiteren Million Euro [63], sodass der Gesamtaufwand bei vier Millionen Euro jährlich liegt. Eine stolze Summe. Dabei verhalten sich alle Beteiligten regelgerecht.

Bürokratie: Zeitsysteme wurden im Laufe der Zeit immer komplexer. Begann man mit einfachen Systemen (siehe oben), so wurden bald wöchentliche, monatliche und jährliche Zeitsalden bis hin zur Lebensarbeitszeit hinzugefügt und gepflegt. Ampelsysteme wurden eingeführt und nachverfolgt, alles auf der Basis umfangreicher Betriebsvereinbarungen und komplexer Durchführungsverordnungen mit nicht selten einem Umfang von 50 bis 100 Seiten. Am Leben erhalten wird das System durch mindestens einen zentralen Gleitzeitfachmann in der Personalabteilung und vielen dezentralen Gleitzeitbeauftragten in den Abteilungen, die das elektronische Zeitsystem mit Korrekturen und Abwesenheitsgründen füttern. Hinzu kommen Hard- und Software sowie Zeitberater und Juristen, deren Lizenzen, Gebühren und Honorare das Unternehmensergebnis belasten. Mit meiner Schätzung von Betriebskosten in Höhe von einer Million Euro p. a. im vorstehenden Beispiel liege ich keineswegs zu hoch, eher an der unteren Grenze.

Gescheitert: Man hatte sich von der Gleitzeit mehr Flexibilität für Mitarbeiter und Unternehmen versprochen, von der »atmenden« Organisation geträumt, in der entsprechend der Auslastung gearbeitet wird. Das Ergebnis ist mehr als ernüchternd. Die Mitarbeiter kommen wie gewohnt zu unveränderten Zeiten zur Arbeit und gehen ihrem bisherigen Rhythmus nach: Gleitzeitplus gibt es selbstverständlich, zumeist »homöopathisch« erworben, Gleitzeitminus als Zeichen einer sich auslastungsorientiert anpassenden Organisation so gut wie nicht. Der Aufwand durch die bürokratische Umsetzung und Diskrepanzen zwischen Aufbau- und Abbaueinheiten ist enorm. Den größten Schaden erleiden Unternehmen allerdings im nicht messbaren Bereich. Da sie das Hohelied der Zeit singen und die Beschäftigten gerne in dieses Lied einstimmen, verliert der Kunde mit seinen Bedürfnissen unweigerlich an Bedeutung. Wer das nicht glaubt, dem sei folgende Überlegung an die Hand gegeben: Ein guter Mitarbeiter, der engagiert neun Stunden täglich arbeitet, wird mit großer Sicherheit eher Karriere machen als der angehende Könner, der nach sieben Stunden seine Arbeit mit besserem Ergebnis beendet. Die Ergebnisse beider Protagonisten kennt man nur rudimentär, das Zeitverhalten als Pseudohardfact aber ganz genau. Ich höre geradezu die Argumente: »Nummer zwei fehlt es an Engagement und Biss. Er scheut die Anstrengung und wird zurückweichen, wenn ihm der Wind erst einmal richtig ins Gesicht weht. Da ist Nummer eins aus anderem Holz geschnitzt.« So entstehen Karrieren des Mittelmaßes. Die Zeiterfassung ist dabei ein wichtiges, wenn auch nicht das einzige Trittbrett eines Zuges in die falsche Richtung.

Second best: Ich bin mit einer Empfehlung zur Zeiterfassung beileibe nicht glücklich. Sie ist allein dem Urteil des EuGH geschuldet. Machen Sie das Beste daraus. Treffen Sie keinerlei Entscheidungen auf der Basis von Zeitverhalten, sondern nur und ausschließlich auf der Grundlage von Ergebnissen. Gestalten Sie bei einem Neuanfang die Zeiterfassung so einfach und simpel wie möglich und vermeiden Sie Kosten so gut es geht. Üben Sie Zurückhaltung! Bei der Reform eines komplexen Zeitsystems gilt mutatis mutandis das Gleiche, strippen Sie es gegen alle Widerstände auf das Notwendigste herunter!

5.2 Ort

Jeder Mitarbeiter hat Anspruch auf einen zeitgemäßen und zweckmäßigen Arbeitsplatz, der ihm die Möglichkeit zu sehr guten Ergebnissen gibt [64]. Etwas pointierter formuliert: Er hat Anspruch auf *einen,* nicht auf mehrere Arbeitsplätze. Selbstverständlich sollte ihm der Arbeitsplatz, so weit es möglich ist, fest zugeteilt sein, sodass er sich nicht jeden Morgen eine neue Arbeitsstätte suchen muss [65].

Für die überwiegende Mehrheit der Mitarbeiter ist »ihr« Arbeitsplatz im Unternehmen tägliche Normalität. Überlegungen, den Arbeitsplatz, wenn auch nur vorübergehend, an einen anderen Ort, zum Beispiel nach Hause, zu verlegen, verbieten sich allein aus technischen Gründen: Produktion, Forschung oder Materialwirtschaft sind z. B. nicht nach Hause zu verlagern. Einen gleichwertigen Büroarbeitsplatz mit aller Technik, Arbeitsschutz und Ergonomie zu verlagern, ist ebenfalls fast immer unmöglich, fehlt es doch am geeigneten häuslichen Platzangebot. Aus meiner Sicht ist es aber nicht nur die Technik, die der Verlagerung

Grenzen setzt, sondern das nicht zu verschiebende Umfeld schlechthin, also direkte soziale und berufliche Kontakte, Informationsfluss, Unterlagen, kurze Wege zur Klärung, Ad-hoc-Besprechungen zur Lösung drängender Probleme, das Gefühl des Eingebettet- und Eingebundenseins. Das alles sind Effizienzbausteine der Zusammenarbeit, die an anderen Orten außerhalb des Unternehmens fehlen. Aus meiner Sicht ist daher der eigene Arbeitsplatz im Unternehmen unschlagbar. Ausnahmen bestätigen wie immer die Regel [66].

Als Zwischenfazit kann ich Ihnen nur empfehlen, sehr zurückhaltend bei der Verlagerung von Arbeitsplätzen außerhalb des Unternehmens zu sein [67].

Gleichwohl ist die Diskussion unter dem Stichwort »Homeoffice« nicht nur deutschlandweit, sondern weltweit entbrannt, weshalb ich die Thematik vertiefen möchte.

Abstrakt betrachtet ist es zunächst offen, ob ein Arbeitsplatz ein Heim- oder ein Unternehmensarbeitsplatz wird. Es kommt auf die Zweckmäßigkeit an, das heißt: Bietet ein Heimarbeitsplatz oder eine Wirkstätte im Unternehmen mehr Vorteile für den Kunden? Es handelt sich um eine Entweder-oder-Entscheidung, denn es ist kaum vorstellbar, dass an zwei Tagen in der Woche der betriebliche und an drei Tagen der Heimarbeitsplatz vorteilhafter ist. Dasselbe gilt natürlich auch für andere zeitliche Aufteilungen. Unter dem Diktat der Kundenausrichtung des Unternehmens ist die Frage, welcher Arbeitsplatz angeboten wird, auch nicht verhandelbar, es ist schlicht derjenige, der eine höhere Kundenzufriedenheit verspricht. »Entweder oder« impliziert hier einen Arbeitsplatz pro Mitarbeiter, dessen zweckmäßige und moderne Einrichtung selbstverständlich allein dem Unternehmen obliegt und zu dessen Lasten geht. Es hat sowohl im Betrieb als auch außerhalb des Betriebes für gute Arbeitsplätze zu sorgen, die es dem Mitarbeiter ermöglichen, sehr gute Ergebnisse zu erzielen.

Mit der Ausrichtung des Unternehmens auf den Kunden erledigt sich das Thema Heimarbeitsplatz schon fast von allein, denn es ist kaum herleitbar, dass Heimarbeitsplätze den Kundenbedürfnissen mehr dienen als innerbetriebliche Arbeitsstätten. Hinzu kommt die bereits angesprochene Verlagerungsproblematik. Des Weiteren kann ich nicht erkennen, dass reine Heimarbeitsplätze für Mitarbeiter besonders attraktiv sind und deshalb angestrebt werden (Stichwort: nicht zu verschiebendes Umfeld). Parallel zwei Arbeitsplätze pro Mitarbeiter entbehren jeder Wirtschaftlichkeit. Aus Unternehmenssicht gibt es, von speziellen Fallkonstellationen, zum Beispiel im Kundendienst oder Vertrieb, abgesehen, keinen Grund für die Einrichtung von Heimarbeitsplätzen.

Damit könnte man auf den ersten Blick die Diskussion als erledigt ansehen. Im Großen und Ganzen Ja, im Speziellen, und hier meine ich den Gedanken Homeoffice, Nein, denn starke Interessen der Mitarbeiter fordern die Öffnung zum Homeoffice. Sie sehen hier ein probates Mittel zur besseren Vereinbarkeit von Privatem und Beruflichem. Gerade die Betreuung und Versorgung der Kinder oder der Eltern stehen an der Spitze der Argumente, aber auch ganz allgemein werden mehr Flexibilität und Freiheit als Gründe genannt. Dabei werden nicht einhundert Prozent Homeoffice angestrebt, vielmehr geht es in der Regel um wöchentlich maximal ein oder zwei Tage. Der Computer wird mit nach Hause genommen und Arbeiten, die ohne betriebliches Umfeld zu erledigen sind, werden vom Provisorium Küchentisch oder Couch angegangen, der Rest wird verschoben. Der Mitarbeiter umgeht Teilzeit mit entsprechenden pekuniären Einbußen. Auf den ersten Blick ist er der große Gewinner des Homeoffice, das Unternehmen bleibt »zweiter Sieger«, denn Homeoffice ist nicht gleich Unternehmensarbeitsplatz. Die Wahrscheinlichkeit, dass es zu Effizienzverlusten kommt, ist groß, selbst dann, wenn die Mitarbeiter diszipliniert sind und sich von Kinderbetreuung, Elternpflege etc. nicht ablenken lassen.

Während ich diese Zeilen schreibe, fegt die Coronakrise mit kaum abzuschätzenden Folgen über uns hinweg. In der Not wird einhundert Prozent Homeoffice zum Standard, wo es nur geht. »Das ist der endgültige Durchbruch für die Arbeit von zu Hause aus«, höre ich etwas unspezifisch von verschiedenen Seiten meines Umfeldes. Ich denke, das Gegenteil ist der Fall, denn nun wird für jeden überdeutlich sichtbar, dass Homearbeitsplätze mit erheblichen Ergebniseinbußen verbunden sind. Dies geht nicht nur zulasten der Unternehmen, sondern drückt auch die Mitarbeiter, die sich einem steigenden Berg unerledigter Arbeiten gegenübersehen, und das zu einer Zeit, in der durch ein langsames Internet und erhöhtem Koordinationsaufwand die Nerven bereits blank liegen.

Spätestens jetzt müsste Unternehmen und Mitarbeitern klar werden, das Homeoffice nicht die optimale Büroorganisation unterstützt. Vor diesem Hintergrund kann ich Ihnen nur raten, sehr zurückhaltend bei der Genehmigung von Homeoffice zu sein.

Einen weiteren Aspekt möchte ich ergänzend noch aufgreifen. Hat der Computer erst einmal die Tür zur Privatsphäre des Mitarbeiters gefunden, ist der erste Schritt auf dem Weg zum ständigen Begleiter getan. Schrittweise werden mehr und mehr Aufgaben von zu Hause bearbeitet, spät abends, wenn man Ruhe hat, am Wochenende, wenn eine Stunde oder zwei Stunden von der Freizeit abgeknapst werden, oder im Urlaub mit ständiger Erreichbarkeit. Beruf und Freizeit vermischen sich mehr und mehr. Ein gesunder Abstand zwischen Beruflichem und Privatem geht verloren, Entspannung und Erholung leiden und aus dem unbedingt erforderlichen Gleichgewicht zwischen Arbeit und Freizeit wird ein Ungleichgewicht zulasten von Freizeit mit langfristig schwerwiegenden Folgen, wobei Lustlosigkeit, Schlafstörungen und die innere Kündigung noch unter die Kategorie harmlos fallen [68].

So zerbröseln vermeintliche »Gewinne« des Homeoffice und verkehren sich ins Gegenteil.

5.3 Entgelt

Welche Rolle spielt Entgelt in der Arbeitswelt? Aus Unternehmenssicht ist es einer der größten dynamischen Kostenblöcke, zudem schreibt man ihm Führungs-, Steuerungs- und Motivationsfunktionen zu. Aus Mitarbeitersicht ist es Lebensunterhalt, Freiheit, Sicherheit, Basis einer abhängigen Beschäftigung. Für beide Partner sind das Entgelt auf der einen Seite und Arbeitsergebnisse auf der anderen Seite die Säulen des Leistungsaustausches untereinander. Sie sind im Prinzip fest miteinander verbunden: ohne Entgelt kein Arbeitsergebnis, ohne Arbeitsergebnis kein Entgelt [69].

Das Entgelt muss also für vieles herhalten. Hier liegt das Problem, denn aus einer einfachen Sache wurde eine komplizierte, weil immer mehr Aufgaben mit immer ausgeklügelteren Entgeltsystemen bewältigt werden sollen. Ein ökonomisches Desaster, das sei vorweggenommen. Aber lassen Sie uns Schritt für Schritt voranschreiten.

Das Jahresentgelt dividiert durch zwölf ist die Zauberformel für Entgeltsysteme. Sie ist an Schlichtheit nicht zu überbieten, das macht sie so attraktiv. Jede andere

Form der Verteilung über das Kalenderjahr führt zu mehr Bürokratie, Ballast, Komplexität, Fehlsteuerungen, Selbstbedienung und durch erhebliche Mehrkosten zu Wettbewerbsnachteilen, verbunden mit negativen Folgen für einzelne oder alle Arbeitsplätze eines Unternehmens. Das Thema hat also Brisanz und ist keineswegs nur eines unter vielen.

Irrtum 1: Man glaubt(e), mit der Entgelthöhe einen unmittelbaren dominanten Einflussfaktor auf die Arbeitsergebnisse nach dem Motto »höheres Gehalt, bessere Resultate« in Händen zu halten. Tatsächlich ist die Wirkungsrichtung des Entgelts aber eine andere, es zielt auf die Privatsphäre ab, weil sich mit einem guten Gehalt mehr Freiräume bieten, z. B. schöne Kleidung, ein eigenes Haus, Sicherheit etc. Als Freiheitswesen sieht der Mensch hierin einen großen Vorteil für sich. Der Gehaltsscheck am Monatsende ist daher kein Garant, dass Mitarbeiter gerne zur Arbeit gehen und gute Ergebnisse liefern, er ist lediglich das Basisargument dafür, einer Tätigkeit nachzugehen und damit ökonomische Freiräume zu erlangen.

Andere Faktoren wie etwa die Arbeitsvoraussetzungen des Leitsatzes acht haben einen deutlich höheren direkten Einfluss auf die Ergebnisse. Wenn der Arbeitsplatz ein Behelf ist, Materialien immer wieder fehlen, Informationen nicht weitergegeben werden, dann sinkt das Arbeitsergebnis unweigerlich in den Keller, auch wenn die Position gut dotiert ist. Schafft man keine Abhilfe und »motiviert« stattdessen mit höherem Entgelt, wird der Mitarbeiter mit großer Wahrscheinlichkeit kündigen. Ist das Gehalt sehr hoch und beinhaltet ausreichend »Schmerzensgeld«, wird er eventuell bleiben und innerlich kündigen. Sie haben die Wahl zwischen Pest (Kündigung) und Cholera (innere Kündigung).

Entgelt ist nicht wirkungslos, wird in seinem dauerhaften Anreiz aber überschätzt. Dem Unternehmen obliegt es, den Rahmen für sehr gute Ergebnisse zu schaffen, und dazu gehört auch ein faires Gehalt. Allerdings ersetzt dies nicht eine positive innere Einstellung, das Können, den Willen sowie die Erfahrung des Mitarbeiters und letztlich dessen Motivation, das alles zu bündeln und in exzellente Ergebnisse umzusetzen. Das Unternehmen »ebnet« den Weg (Arbeitsbedingungen, wenig Bürokratie, Freiräume, Aufstiegsmöglichkeiten, angemessenes Entgelt usw.), »springen« Richtung gutem Output muss der Mitarbeiter allein.

Das Entgelt setzt den Leistungsaustausch zwischen Mitarbeiter und Unternehmen in Gang und rundet sein Gesamtbild ab. Es ist Basis und i-Tüpfelchen, hat aber nur wenig Einfluss auf das Arbeitsergebnis. Es ist ein Irrtum, vom Basiseffekt auf einen hohen Einfluss auf Quantität und Qualität der Arbeitsergebnisse zu schließen.

Irrtum 2: Man misstraut(e) der Leistungsbereitschaft der Mitarbeiter dergestalt, dass sie nicht die Menge und Güte an Ergebnissen erbringen, die sie realisieren könnten; im gleichen Atemzug glaubt(e) man auch nicht an die Führungsfähigkeiten der Vorgesetzten, sodass man in Zielvereinbarungen (Management by Objectives) verbunden mit Geld (Boni) einen probaten Lösungsweg für die angesprochenen Probleme sah und sieht, das heißt, ein variables Vergütungssystem auf der Basis von Zielvereinbarungen soll es richten.

Die zugrunde liegende Überlegung ist denkbar einfach. Man bietet dem Mitarbeiter Geld, damit er sich besonders anstrengt. Die Richtung gibt man über ein oder mehrere Ziel(e) vor und schon sind die vermeintlichen Kritikpunkte Faulheit und Führungsschwäche vom Tisch – leider nicht. Auch wenn es der gesunde Menschenverstand eigentlich verspricht, auch er kann sich täuschen, insbesondere dann, wenn er – wie in diesem Fall – zu stark vereinfacht und wesentliche Dinge ausklammert bzw. falsch bewertet.

Zunächst ist unbestritten, dass Boni eine starke Wirkung haben, vorausgesetzt, sie sind hoch genug dotiert; sie gehören dann zu den wirkungsvollsten extrinsischen Einflussfaktoren. Aber wie so oft liegen Fluch und Segen eng beieinander, denn in dem bisher Geschriebenen wurden die Dynamik und Vielfältigkeit des Wirtschaftsgeschehens einfach ausgeblendet. Einen Manager mit fünf Zielen über ein ganzes Jahr oder länger sachgerecht zu steuern und zu einem über sein gesamtes Spektrum sehr guten Ergebnis zu führen, ist schlicht unmöglich.

Bilder sagen mehr als tausend Worte, deshalb gestatten Sie mir folgendes Gleichnis: Wenn ein sehr guter Jongleur (Führungskraft) sieben Bälle (wichtige Aufgaben) gleichzeitig in der Luft halten will, muss er ein Könner sein, grundsätzlich alle Bälle ohne Vorzug im Blick haben und immer den Ball fangen und wieder hochwerfen, der am niedrigsten fliegt. Bekommt er nun vom Zirkusdirektor (Vorgesetzter) die Vorgabe, sich auf die Bälle zwei und vier (Ziele) besonders zu konzentrieren und dafür eine besondere Geldprämie (Boni) in Aussicht gestellt, wird der Jongleur schon bald kein Könner mehr sein, dafür aber höher bezahlt als zuvor. Er schafft noch fünf Bälle, weil er Ball zwei und vier primär im Blick hat, denn gerade diese darf er nicht fallen lassen, die Gesamtschau aber fehlt. Das Publikum (Kunden) bleibt weg, da fünf Bälle in der Luft nichts Besonderes sind. Der Jongleur wird entlassen, ein neuer eingestellt, und das Spiel beginnt von vorn. Die Einnahmen des Zirkus (Unternehmen) sinken und er wird zum Sanierungsfall. Letztendlich verlieren alle Beteiligten. Am Ende spricht man vom Kulturgut Zirkus, das es zu erhalten gilt, und der Staat übernimmt die Hoheit, hoffentlich ohne Prämien!

Führungskräfte haben nicht einen »Kanon« von vier oder fünf, sondern von deutlich mehr Aufgaben, lassen Sie es zwischen 15 und 25 sein. Davon einige herauszugreifen, mit Boni zu versehen und damit herauszuheben, ist fast immer falsch, denn wer weiß schon mit hinreichender Genauigkeit, welche Aufgaben die wichtigsten sein werden, sodass deren Bevorzugung gerechtfertigt ist? Planung hilft hier übrigens nicht; sie gaukelt eine Berechenbarkeit der Zukunft vor, die in der Regel in der Fortschreibung der Vergangenheit besteht, aber mit der Zukunft, wenn sie Vergangenheit geworden ist, nicht viel zu tun hat. Zeit ist dynamisch, voller Strukturbrüche, die niemand vorhersieht; kleinste Veränderungen haben eine enorme Wirkung und stellen manchmal die Welt auf den Kopf.

Fünf Themen als »Ziele mit Boni« zu bevorzugen bedeutet, im Zweifel 20 Aufgaben zu vernachlässigen, plus diejenigen, die zum Zeitpunkt der Zielvereinbarung unbekannt sind, aber über das Jahr »ungefragt« hinzutreten. Damit verbunden ist, wie sollte es anders sein, eine massive Fehlsteuerung von Führungskräften und deren Mitarbeitern. Dies geht an keinem Unternehmen schadlos vorbei.

Viele Führungskräfte haben aus diesem Dilemma Konsequenzen gezogen. Sie besprechen Ziele, Zielerreichung und Bonushöhe in einer Sitzung am Jahresende respektive am Jahresanfang, wenn die Gesamtperformance des Mitarbeiters für das abgelaufene Geschäftsjahr bekannt ist. Diese wird ohne Formalismus bewertet und das Ergebnis dann in die Formelwelt von Zielerreichung und Bonushöhe transferiert. Das widerspricht natürlich den Gesetzen der Welt von Zielen und Motivierung durch Boni, verhindert aber Verluste durch Fehlsteuerung der Belegschaft. Ich nenne das Notwehr und Freiheitskampf.

Eine Fehlsteuerung besteht aber nicht nur darin, dass die falschen Ziele vereinbart werden, sondern auch in der Nichtbenennung von Zielen. Hierbei geht es um alles, was nicht oder noch nicht bekannt ist, zum Beispiel um Innovationen im Sinne von wirklich neu, um ein Querdenken, um neue Geschäftsfelder etc. In Zielvereinbarungen finden Sie dazu in der Regel nichts, wie auch, wenn Ziele messbar sein und damit Bekanntes beinhalten müssen. So finden Sie bei Forschungsleitern mit hoher Wahrscheinlichkeit eher das Ziel »Einhaltung des Forschungsbudgets« als die Aufgabe, »wirkliche Forschungskönner mit der Hoffnung auf Innovationen und mit dem Potenzial zum deutlichen Wettbewerbsvorteil einzustellen und mit Freiraum und Vertrauen zu führen.«

Für Unternehmen wird das über kurz oder lang existenzgefährdend, und zwar auch dann, wenn sie nicht als Innovationsführer, sondern als First Follower am Markt agieren. Sie verlieren den Anschluss, da die wichtigen Ziele in ihren variablen Vergütungssystemen nicht auftauchen, ganz einfach weil sie dort nicht hineinpassen.

Irrtum 3: Der Mitarbeiter bewertet variable Vergütungsbestandteile genauso hoch wie feste. Verhandelt man mit Führungskräften oder dem Betriebsrat die Einführung variabler Vergütungsbestandteile oder diskutiert mit Bewerbern ein Gehaltspaket mit variablen Komponenten, wird man sehr schnell eines Besseren belehrt. Zwei Beispiele sollen dies veranschaulichen.

Der junge Personalleiter Martin erhält den Auftrag, ein variables Vergütungssystem auf der Basis von Zielen einzuführen. »Das ist Ihre Chance!«, sagt ihm sein Vorgesetzter, der kaufmännische Geschäftsführer. »Endlich finden wir den Weg heraus aus unserem verkrusteten Entgeltsystem, in dem Gut und Schlecht gleich viel verdienen. Aber achten Sie darauf, dass Festgehälter im Verhältnis 1:1 in variables Entgelt umgewandelt werden, damit uns die Personalkosten nicht aus dem Ruder laufen.«

Martin bietet allen Führungskräften Boni gegen Festgehalt an, und zwar gestaffelt nach Hierarchiestufen mit 20 Prozent bis 50 Prozent des Festeinkommens und erhält durchweg Ablehnungen. Der Ton ist in vielen Fällen nicht freundlich, denn die meisten Vorgesetzten halten das Angebot für einen Affront, weil sie aus ihrer Perspektive eine klare Benachteiligung sehen. Sie bewerten die Boni nicht gleichwertig mit Festeinkommen, da sie eine Eintrittswahrscheinlichkeit von unter 100 Prozent unterstellen. Das ist schlüssig, denn schließlich sind die Boni variabel. Martin sieht sich gescheitert und geht kleinlaut zu seinem Chef, um zu berichten. Zu seiner Überraschung hat dieser großes Verständnis für den Standpunkt der Führungskräfte.

Was Martin zunächst nicht weiß, ist der Umstand, dass die Geschäftsführer ihrerseits vom Aufsichtsratsvorsitzenden mit einer Bonusregelung konfrontiert wurden und sich auf eine Höhe von 60 Prozent des Festgehaltes mit einer gleichzeitigen Reduzierung des Festgehaltes um 30 Prozent geeinigt haben. Die Boni werden mit persönlichen und Unternehmenszielen hinterlegt, deren Erreichungsgrad bei maximal 100 Prozent liegt. »Mehr als voll kann ein Glas nicht sein«, so der Aufsichtsratsvorsitzende zu diesem Punkt.

Martin spielt die Reform der Geschäftsführervergütung in die Hände, denn er kann den Führungskräften nunmehr eine fast identische Regelung anbieten, nur die Anteile der Boni an der Vergütung liegen niedriger und bleiben hierarchiebezogen gestaffelt. Die Führungskräfte akzeptieren auf breiter Front, weil die Vergütungsregelung aus ihrer Sicht jetzt ein faires Verhältnis zwischen Chance und Risiko herstellt. Nur der Vorsitzende der Geschäftsführung hat Zweifel. Er orakelt, dass die Personalkosten stark ansteigen werden. Er behält recht. Die Zielerreichung liegt fast durchweg bei 100 Prozent, das bedeutet für das Unternehmen einen Personalkostenanstieg um 20 Prozent.

Im Prinzip beobachtet man das Gleiche bei Einstellungen. Jan ist Diplomingenieur Maschinenbau und hat fünf erfolgreiche Jahre bei seinem ersten Arbeitgeber hinter sich. Er strebt einen Wechsel an, um seinen Erfahrungshorizont zu erweitern. Und so kommt es, dass er bei unserem Personalleiter Martin sitzt und sein zukünftiges Gehalt verhandelt. Jan bezieht bei seinem bisherigen Arbeitgeber ein Festgehalt von 90.000 Euro und strebt eine Verbesserung um 10 Prozent im Zuge des Arbeitgeberwechsels an. Das hat er offen kommuniziert. Martin bietet 86.000 Euro plus 20 Prozent Bonus an, in den ersten zwölf Monaten garantiert. Damit ist Jan nicht einverstanden, weil er, wie wir es schon kennen, variable und feste Vergütungsbestandteile nicht gleich bewertet. Man einigt sich auf 96.000 Euro plus 20 Prozent Bonus. Jan erhält nun 115.200 Euro bei einhundertprozentiger Zielerreichung statt 99.000 Euro, die er gefordert hatte, und das nicht nur auf dem Papier, sondern tatsächlich, denn selbstverständlich gilt auch für ihn die inoffizielle Regel des variablen Vergütungssystems: »100 Prozent schafft jeder.« Jan ist ein hervorragender Mitarbeiter, aber er leistet nicht mehr als bei seinem alten Arbeitnehmer, bei dem er »nur« ein Festgehalt bekam.

Irrtum 4: Führungskräfte denken zuerst an das Unternehmen, dann an sich selbst. »Führungskräfte dürfen nicht gegeneinander, sondern müssen miteinander arbeiten. Sie sollen an einem Strang ziehen!«, meint der Vorsitzende des Aufsichtsrates. Was kann da besser unterstützen als das neu eingeführte Entgeltsystem? Nichts, da sind sich alle sicher, und so werden einheitliche Unternehmensziele vom Geschäftsführer bis zum Gruppenleiter definiert und kaskadenförmig über die Hierarchiestufen verteilt. Hat also die Geschäftsführung ein Umsatzziel, so haben Führungskräfte ebenfalls ein Umsatzziel, nur schrittweise reduziert auf den jeweiligen Verantwortungsbereich. Diese Zielverknüpfung erleichtert es den Führungskräften, tatsächlich an einem Strang zu ziehen, allerdings anders, als es sich der Vorsitzende des Aufsichtsrats vorgestellt hat.

Die meisten Führungskräfte sind intelligent und denken wirtschaftlich, für das Unternehmen, in dem sie tätig sind, vorrangig aber für sich selbst. Insofern darf es nicht verwundern, dass Ziele realistisch, aber nicht ambitioniert sind, schließlich möchte man seinen Bonus nicht gefährden. Auch bleibt man bei der Bewertung der Zielerreichung immer wohlwollend fair. Strenge ist aufgrund gegenseitiger Abhängigkeiten keine gute Strategie, um seinen Bonus langfristig zu maximieren. Führungskräfte ziehen an einem Strang, um hohe Bonuszahlungen zu erhalten. Wer das nicht glaubt, möge sich die Zielerreichung der Führungskräfte ansehen, sie liegen fast ausnahmslos an der oberen Grenze, in unserem Beispiel also bei 100 Prozent. Den Führungskräften sollte man aus ihrem Verhalten keinen Vorwurf machen, sie suchen den wirtschaftlichen Vorteil, und genau deshalb wurden sie eingestellt, nicht als Altruisten, sondern als Homo oeconomicus.

Zieht man ein Resümee, so ist es schlichtweg unverständlich, warum variable Entgeltsysteme eingeführt wurden und werden. Sie führen zu einer drastischen Erhöhung der Personalkosten. Man kann von 10 bis 30 Prozent ausgehen, je nachdem, in welchem Umfang Boni und andere Vergütungsformen eingeführt werden. Diese Verteuerung war absehbar, denn im gewerblichen Bereich gibt es schon sehr viel länger Leistungslohn, und auch der liegt wesentlich höher als der entsprechende Stundenlohn. Es gab also warnende Beispiele. Aber das Misstrauen der Entscheider sitzt tief und so hat man sich über kritische Stimmen [70]

hinweggesetzt, mit dem Ergebnis starker Kosten-
erhöhungen, und das in einem »Hochlohnland« wie
Deutschland, wo der Startpunkt wahrlich nicht niedrig
ist.

Aber halt! Wenn die Ergebnisse entsprechend wach-
sen, ist der Einwand der Kostensteigerung doch hin-
fällig. Sicher, doch wenn Sie sich die vorstehende Diskussion ansehen, erkennen Sie, dass man eher zufrieden sein muss, wenn die Ergebnisse nicht sinken. Ich
möchte noch weiter gehen und sagen, ein Abfallen
der Ergebnisse dürfte der Normalfall sein, ein Halten
die Ausnahme. Führungskräfte werden durch ihre
Zielvorgaben fast immer fehlgesteuert, weil die Wahl
auf die falschen Ziele fällt, wie sich nur allzu häufig
am Jahresende, also im Nachhinein, herausstellt. Besonders schwerwiegend ist, dass Innovationen nicht
gefördert, sondern eher verhindert werden und damit
die Zukunftsfähigkeit des Unternehmens auf mittlere
bis lange Sicht auf dem Spiel steht.

Schließlich müssen variable Vergütungssysteme mit
Leben gefüllt werden, zum Beispiel durch Zielfindungsprozesse und Zielvereinbarungs- und Zielerreichungsgespräche, wobei Letztere sich keiner Beliebt-
heit erfreuen, in jedem Fall aber eine gehörige Portion
Bürokratie verursachen.

Zurückhaltung bedeutet bei variablen Entgeltsystemen: Bitte führen Sie keine neuen ein, besser noch,
schaffen Sie vorhandene schrittweise ab. Beginnen

Sie am besten bei den außertariflichen Mitarbeitern, dort, wo Sie mit der Einführung starteten.

Keine Angst, die Abschaffung der variablen Vergütungssysteme bedeutet keinen Rückschritt, sondern eine Korrektur von Fehlentwicklungen. Es ist ein wichtiger Schritt zu mehr Vertrauen, mehr Freiheit, weniger Kosten, weniger Bürokratie und letztlich zu mehr Zukunft und Wettbewerbsfähigkeit. Karl Popper forderte die wehrhafte Demokratie [71], fordern Sie die wehrhafte Vertrauenskultur und setzen Sie sie in Ihrem Unternehmen um.

Eine Festvergütung, unbürokratisch in zwölf Raten pro Jahr gezahlt, bedeutet Effizienz, keinesfalls aber die Hinwendung zum Beamtentum, wo über- und unterdurchschnittliche Leistungen, so denkt man zumindest, gleich bezahlt werden, und aufgrund von Unkündbarkeit nicht generell, aber häufig ohne Konsequenzen bleiben. Im Unternehmen hingegen geht es nicht um Leistung, sondern um Ergebnis, und wer hier seinen Beitrag zum Überlebenskampf des Unternehmens trotz Aufforderung nicht leistet, muss gehen. Hier liegt der grundlegende Unterschied zur öffentlichen Hand. Bestehen Sie darauf, dass Ihre Führungskräfte gemeinsam mit der Personalabteilung entsprechend handeln. Ein Bonussystem kann diese Rolle auch nicht in Ansätzen übernehmen. Es ist in der Rolle als Wächter über und Motivator für gute Ergebnisse zum Scheitern verurteilt.

5.4 Zusatz

In dieses Kapitel gehören Unternehmensleistungen, die über das Entgelt hinausgehen und zu denen keine gesetzliche Verpflichtung besteht. Das können sozial begründete Leistungen wie Betriebsrenten, Mitarbeiterverpflegung, Betriebskrankenkasse, Deputate, aber auch andere Nebenleistungen wie etwa Firmenwagen, der steuerbegünstigte Erwerb von Computern und Mobiltelefonen etc. sein. Nebenleistungen sind bei Mitarbeitern beliebt, aber sind diese auch sinnvoll, und wenn ja, wer trägt deren Kosten?

Eine ganze Reihe von Leistungen, insbesondere soziale, haben ihren Ursprung weit in der Vergangenheit. Die gesellschaftlichen Gegebenheiten waren im Vergleich zu heute sehr unterschiedlich, insbesondere war das Angebot an Industrie- und Dienstleistungen wesentlich eingeschränkter und in heutiger Ausprägung und Vielfalt nicht vorhanden. Daraus erwuchs bei vielen Unternehmerpersönlichkeiten die Überlegung, in die Bresche zu springen und soziale Leistungen, die weder Staat noch Wirtschaft in ausreichendem Umfang anboten, betrieblich zu organisieren [72]. Hierzu gehörte insbesondere die betriebliche Altersversorgung, die im Übrigen bis heute die wohl bedeutendste Leistung geblieben ist.

Waren die Leistungen ursprünglich nicht oder nicht ausreichend vorhanden, kann man das in unserer heutigen Zeit selbstverständlich nicht mehr behaupten. Betrachten wir noch einmal die betriebliche Altersversorgung, so gibt es aktuell eine Vielzahl von privatwirtschaftlichen Alternativen, die insbesondere von der Versicherungswirtschaft offeriert werden; das beginnt bei Direktversicherungen, geht über Unterstützungskassen und endet bei Rückdeckungen für Direktzusagen. Vor dem Hintergrund der Vielfalt der Angebote professioneller Dienstleister stellt sich mit Recht die Frage, ob eine betriebliche Organisation noch zeitgemäß ist.

Unternehmen haben einen Unternehmenszweck, der in der Regel nichts mit den Zusatzleistungen zu tun hat. Sie gleichwohl anzubieten, bedeutet, sich mit fremden Dingen zu befassen, Zeit, Geld und eigene Ressourcen vom Unternehmenszweck abzuziehen und sich selbst zu schwächen. Selbst wenn sich ein Unternehmen dies in seiner augenblicklichen Situation leisten kann, ist das kein Garant für die Ewigkeit. Für Zusatzleistungen gilt aber genauso wie für viele andere Personalsachverhalte, dass sie schnell eingeführt, aber nur langsam [73] abgeschafft werden können. Man bindet sich, obwohl es von Hause aus freiwillige Leistungen sind. Ob man will oder nicht, von Zusatzleistungen geht zumindest eine latente, bei schlechter Ertragslage aber auch konkrete und aufgrund der finanziellen Dimension häufig substanzielle Gefahr für Unternehmen aus.

Aufwendungen für Zusatzleistungen können in der Regel steuerlich als Aufwand von den Erlösen abge-

zogen werden; sie reduzieren also das steuerlich relevante Ergebnis und verkürzen damit selbstverständlich die Steuerzahlungen des Unternehmens. Daraus
entsteht eine Gerechtigkeitsfrage, über die so gut wie
nie öffentlich gesprochen wird, obwohl das Nomen
»Gerechtigkeit« heute in das Standardvokabular eines
jeden Politikers gehört. Die Zusatzleistungen werden
durch ihre steuerliche Absetzbarkeit zu einem beacht-
lichen Teil von Unternehmensfremden, gemeint ist »der
Steuerzahler« im Allgemeinen, getragen, der aber rein
gar nichts mit den Zusatzleistungen zu tun hat, insbesondere nicht von diesen profitiert. Ziehen wir hierzu
zwei fiktive Beispiele zur Verdeutlichung heran.

Ein Vorstandsvorsitzender erhält eine Mercedes S-
Klasse als Firmenwagen. Er zahlt dafür Steuern, das
Unternehmen kürzt seinen Ertrag um die Kosten des
Firmenwagens und zahlt weniger Steuern. Per saldo
nimmt der Staat weniger Steuern ein. Die Zusatzleistung führt zu Steuermindereinnahmen, dafür stehen
die Steuerzahler insgesamt ein, denn deren Zahlungen müssen die Mindereinnahme letztendlich kom-
pensieren. Selbstverständlich ist ein einzelner Firmenwagen nicht spürbar, alle in Deutschland aber schon.
Das mag die anderen Steuerzahler »nicht umbringen«,
aber darum geht es nicht, es geht um die systemische
Beteiligung Fremder an Zusatzleistungen, die damit
nichts zu tun haben.

Nehmen wir die Altersversorgung eines Mittelständlers. Auch für diesen sind die Kosten steuerkürzend

absetzbar. Nutznießer sind die Mitarbeiter des Unternehmens. Das Instrument ist durchaus sinnvoll, wie wir noch sehen werden. Aber auch hier bleibt das Thema der Sozialisierung der Kosten der Altersversorgung durch den bereits vorgestellten Steuermechanismus, der andere Steuerzahler an der Finanzierung beteiligt, ob sie wollen oder nicht, und das auch dann, wenn sie selbst keine Ansprüche gegenüber der betrieblichen Altersversorgung erwerben.

Gesellschaftlich sind Zusatzleistungen, so zeigen die Beispiele, nicht unproblematisch, weil Unbeteiligte, die keinen Nutzen haben, letztendlich mitzahlen müssen. Der Steuerzahler wird beteiligt, nicht der Staat, auch wenn seine Vertreter das behaupten, wenn sie von einem Steuerverzicht des Staates sprechen. Lassen Sie sich hier nicht täuschen [74].

Schließlich bleibt die Frage, ob betriebliche Zusatzleistungen Mitarbeiter tatsächlich besser stellen als private. Um sich dem Thema objektiver zu nähern, sollte man die Fragestellung wie folgt erweitern: »Was stellt den Mitarbeiter besser, ein höheres Gehalt ohne Zusatzleistungen oder ein niedrigeres Gehalt mit Zusatzleistungen?«

Neoliberal ist die Frage bereits an dieser Stelle geklärt, ein klares Pro für mehr Gehalt und damit mehr Freiheit. Auch ohne die Vor- und Nachteile der Zusatzleistungen im Detail zu betrachten, bietet die liberale Lösung offensichtlich den großen Vorteil maßgeschneiderter individueller Leistungspakete, die der Mitarbeiter entsprechend seinen Bedürfnissen zusammenstellt und über das höhere Gehalt finanziert. Das kann z. B. heißen: Eigenheim statt zusätzlicher Altersversorgung, zweisitziges Sportcabrio statt schwarzer Oberklasse-Limousine, selbstbestimmtes Leben statt ständiger Erreichbarkeit über Mobiltelefon, Computer oder Tablet, alles aus dem »Brutto« im Rahmen eines vermeintlich fortschrittlichen Firmenprogramms erworben, oder schließlich und endlich ganz einfach eine höhere Sparrate und damit größere Schritte zu einem unabhängigen Leben. Ich kann mir gut vorstellen, dass eine solche neoliberale Lösung durchaus Befürworter in der Belegschaft findet, vorzugsweise die, die sich und anderen Freiheit und Verantwortung zutrauen.

Zusatzleistungen bergen aber nicht nur das »Diktat der Wohltaten« in sich, bei genauerem Hinsehen erkennt man weitere Probleme. Da wäre zunächst der Umfang des Leistungs-Potpourri, wobei folgender Zusammenhang gilt: Bei gegebenem Budget sinkt der Wert der einzelnen Leistung mit der Zunahme ihrer Anzahl. Ein breites Angebot von Sozialleistungen führt also dazu, dass deren Einzelwert sinkt. Etwas provozierend könnte man auch sagen:

Alles wird angeboten, nichts richtig. Tatsächlich bedeutet das Fehlen einer spürbaren Wirkung der Einzelleistungen ein großes Problem, denn es stellt das gesamte Paket an Zusatzleistungen infrage, da sich dessen Effekt aus den Wirkungen der Einzelleistungen zusammensetzt.

Zusatzleistungen für sich betrachtet können deutlich niedriger im Wert sein, als das auf den ersten Blick aussieht. »Mehr Schein als Sein« trifft ausgerechnet auf die betriebliche Altersversorgung zu, eine der wichtigsten Zusatzleistungen. Ihre volle Wirkung entfaltet die Altersversorgung nur dann, wenn man möglichst lange, im Idealfall also von der Ausbildung bis zum Rentenbeginn, bei demselben Arbeitgeber tätig ist. Ein solches Arbeitsleben kommt vor, wird aber immer seltener. Dazu tragen beide Seiten bei, die Unternehmen, weil sie im Zuge einer immer schnelllebigeren Zeit mit internationalem Wettbewerbsdruck häufiger zum Mittel der Restrukturierung greifen, die Mitarbeiter, weil der Arbeitsmarkt mehr und mehr zu einem Angebotsmarkt wird, auf dem sie ihre Chancen suchen und den Arbeitgeber wechseln. Teile des Arbeitslebens bei einem Arbeitgeber: »Ja«, das ganze Arbeitsleben bei einem Unternehmen: »Nein«, das ist die Quintessenz aus beiden Verhaltensweisen. Damit gewinnt im betrieblichen Rentenverlauf der Verfall der Ansprüche (Betriebszugehörigkeit unter fünf Jahre) oder die unverfallbare Anwartschaft die Oberhand. Kurze »Stippvisiten« bei einem Unternehmen führen also dazu, dass für den relevanten Zeitabschnitt keine Altersversorgungsansprüche erworben werden. Bei längerfristigen Tätigkeiten erhält man zwar eine unverfallbare Anwartschaft, die allerdings am Ende des Arbeitslebens häufig nicht mehr viel wert ist, weil sie durch Quotelung logisch richtig, im Ergebnis aber kurz und klein gerechnet und bis zum Zeitpunkt des Beginns der Rente de facto eingefroren wird. Damit wird selbst niedrigen Inflationsraten erlaubt, kontinuierlich und deshalb im Zeitablauf mit großer Wirkung am realen Wert der Anwartschaft zu nagen.

Das Zwischenergebnis lautet drei zu null gegen Zusatzleistungen, da sie weder betriebswirtschaftlich noch gesellschaftlich oder sozial überzeugen können. Hinzu kommt, dass der ursprüngliche Grund für ihre Einführung, das mangelhafte Angebot am Markt, entfallen ist. Ich kann deshalb nur raten, große Zurückhaltung bei der Einführung neuer oder der Weiterführung vorhandener Zusatzleistungen zu üben. Hätte ich dieses Buch vor zehn Jahren geschrieben, hätte ich Ihnen ohne zu zögern geraten, sich von allen Zusatzleistungen zu trennen [75].

Die Begriffswahl Zwischenergebnis, nicht Ergebnis, deutet auf einen partiellen Sinneswandel meiner Person hin. Mein Kopf denkt weiterhin, dass Zusatzleistungen ausgesprochen kritisch zu sehen sind, auch wenn der Mainstream etwas anderes behauptet. Normalerweise pflege ich nicht, über Bauchgefühle zu schreiben. An dieser Stelle mache ich eine Ausnahme.

Das Abschaffen der Altersversorgung und der Mitarbeiterverpflegung bereitete mir das meiste Bauchgrimmen. Ich hatte das Gefühl, dass ohne Kantine eine Plattform für informelle Kommunikation, vor allem aber für Höflichkeit verloren ging, und zwar vom Unternehmen gegenüber den Mitarbeitern. Ein Casino schafft Raum, den Mitarbeiter ein Stückchen als Gast zu behandeln, ihn zum Essen ganz oder teilweise einzuladen, ihm abseits vom Arbeitsplatz regelmäßig freundlich zu begegnen, ihm völlig natürlich und nicht als Ritual Wertschätzung entgegenzubringen. Damit schafft man den Einstieg zum aus meiner Sicht wichtigsten Führungsinstrument, der Höflichkeit, und das ohne aufgesetzte Formalismen [76]. Nach mehreren Hinweisen begann ich, älteren Mitarbeitern intensiver zuzuhören und nicht abzuschalten, wenn es einmal wieder um die »guten alten Zeiten« ging. Erstaunlich war, dass dabei die gute Küche des Unternehmens mit ihrem sehr preiswerten Essen und der Bedienung am Tisch immer wieder im Blickpunkt stand. Der Satz: »Damals waren die Mitarbeiter dem Unternehmen noch etwas wert« fiel mehr als einmal.

Punktuell führte ich Austrittsgespräche. In diesen wurde reziprok zum Rückgang der staatlichen Rente mehr und mehr das Fehlen einer betrieblichen Altersversorgung thematisiert. Mein Argument, es gebe doch genügend Angebote am freien Markt, wurde mit der Aussage gekontert, genau das sei das Problem. Man wisse nicht, welchem Angebot man über eine sehr lange Zeit wirklich trauen könne. Man vertraue eher dem Unternehmen. Außerdem greife hier der Pensionssicherungsverein und gebe Ausfallgarantien. Die Positionen waren nicht übereinander zu bekommen. Ich musste akzeptieren, dass Mitarbeiter der Zu-

satzleistung Altersversorgung eine hohe Priorität ein-
räumen und Unternehmen ohne ein entsprechendes
Angebot einen Wettbewerbsnachteil am Arbeitsmarkt
haben.

Heute lautet mein Rat daher differenzierter: Konzentrieren Sie sich auf wenige, aber sehr gut dotierte und
damit spürbare Zusatzleistungen, die jeweils einen
eigenständigen Wert für die Mitarbeiter haben. Ich
gehe noch weiter und empfehle Ihnen, sich auf die Mitarbeiterverpflegung, Altersversorgung und Teilzeitan-
gebote zu fokussieren. Zurückhaltung heißt nun, einfache, aber wertvolle Lösungen für wenige ausgewählte
Zusatzleistungen zu bieten, die ohne aufgeblähte Bürokratie auskommen. Die wenigen Zusatzleistungen
müssen in gewissem Sinne zeitlos sein, keine Mode-
erscheinungen, es geht um Ernsthaftigkeit und Nachhaltigkeit, nicht um aufgeblasenes »Blabla«. Deshalb
meine obige Wahl. Und nun zur Ausgestaltung.

Wenn man sich über eine Kantine vom Wettbewerb ab-
heben will und Gastfreundschaft und Höflichkeit Tag
für Tag gegenüber den Mitarbeitern leben möchte, ist
die Zusatzleistung mit einem hohen Aufwand verbunden. Ein ansprechendes modernes Casino ist Dreh-
und Angelpunkt, das ein Ambiente zum Wohlfühlen
bietet und Vollverpflegung (Frühstück bis Abendessen) auf wirklich gutem Niveau freundlich offeriert,
idealerweise ohne, dass Mitarbeiter hierfür bezahlen
müssen. Über diese einfache und eigentlich nahelie-
gende Zusatzleistung erreichen Sie einen Quanten-

sprung nach vorn auf den Gebieten Zufriedenheit, Identifikation und Höflichkeit. Ein exzellentes Casino kann Ihnen nicht allein die »Kohlen der Führung aus dem Feuer holen«, in Verbindung mit anderen Maßnahmen entsprechend der vorgestellten Leitsätze aber einen wesentlichen Beitrag leisten. Die Investition in ein kostenfreies Casino lohnt sich, denn sie wird mit hoher Rendite durch die Mitarbeiter belohnt. Kleinere Unternehmen können häufig auf öffentliche Kantinen zurückgreifen, um eine entsprechende Leistung anzubieten.

Wer meint, die empfohlene Zusatzleistung sei altbacken, der möge einen Blick über den Atlantik in Richtung Silicon Valley riskieren.

Befasst man sich mit dem Thema betriebliche Altersversorgung, so sollte man, unabhängig davon, ob schon ein System vorhanden ist oder nicht, noch einmal »in sich gehen« und genau überlegen, was man eigentlich will. Denn ob Neustart oder Reform, Entscheidungen auf dem Gebiet der Altersversorgung haben immer weitreichende und langfristige Wirkungen, an die das Unternehmen ohne »Wenn und Aber« gebunden ist.

Die staatliche Rente beträgt nach einem langen Arbeitsleben ohne signifikante Unterbrechungen und nahe an der Beitragsbemessungsgrenze um die 2.000 Euro brutto monatlich. Liegt das Einkommen unter der Beitragsbemessungsgrenze, fällt die Rente entsprechend niedriger aus. Die staatliche Rentenhöhe sollte der Referenzwert einer betrieblichen Altersversorgung sein. Diese wird so zu einer spürbaren und damit sinnvollen Ergänzung zur staatlichen Rente und hilft, den Lebensabend ohne größere finanzielle Sorgen zu bestreiten. Setzt man den Zielwert der betrieblichen Altersversorgung aus Kostengründen deutlich niedriger an, verliert diese ihren Sinn, weil sie nicht mehr hilft, die oft knappen Mittel der Rentenbezieher spürbar aufzustocken. Man kann sich die Zusatzleistung in diesem Fall schenken, sie ist Geldverschwendung, höchstens soziales Feigenblatt.

Eine gute betriebliche Altersversorgung ist mit einem hohen fixen Aufwand verbunden. Davor schrecken Unternehmen verständlicherweise zurück, zumal sie bereits die Hälfte der Einzahlungen in die staatliche Rentenversicherung »stemmen« müssen. Der Kunde zahlt für das Produkt, nicht für hohe Altersbezüge, die er möglicherweise selbst nicht hat. Und ein intensiver internationaler Wettbewerb tut sein Übriges. Abhilfe kann hier nur ein gemeinsames Vorgehen von Unternehmen und Mitarbeitern schaffen, indem beide Seiten zur Altersversorgung beitragen. Ich plädiere für einen jeweils hälftigen Einsatz und für eine einfache nachvollziehbare sowie bürokratiearme Lösung. Hierzu möchte ich Ihnen zwei Beispiele skizzieren (Näheres entnehmen Sie bitte den Anlagen 1 und 2 im Anhang).

Alternative 1: Der Mitarbeiter bekommt das Angebot, Rentenbausteine zu kaufen. Diese setzen sich aus zwei Komponenten zusammen, dem nominellen Kapital, das der Mitarbeiter trägt, und einer sehr guten Verzinsung bis zum Rentenbeginn, die das Unternehmen übernimmt. Mit einem monatlichen Nettoaufwand von 300 Euro kann sich der Mitarbeiter bei entsprechender Ausgestaltung des betrieblichen Rentensystems eine Bruttorente von 2.000 Euro pro Monat sichern.

Alternative 2: Hier handelt es sich um eine rückgedeckte Direktzusage, die gleichgewichtig von Unternehmen und Mitarbeitern bedient wird. Im Unterschied zu Variante 1 teilen sich hier Unternehmen und Mitarbeiter den Kapitaldienst, um gemeinsam eine gute Altersversorgung auf die Beine zu stellen. Das Ergebnis entspricht ziemlich genau dem der Alternative 1, das heißt, mit einem monatlichen Nettoaufwand von ca. 300 Euro erlangt der Mitarbeiter bei angemessener Laufzeit einen Rentenanspruch von 2.000 Euro brutto.

Selbstverständlich können beide Alternativen gerade im Hinblick auf die mit ihnen verbundenen Belastungen variiert werden. Für Unternehmen bieten sie den großen Vorteil, keine unkalkulierbaren Risiken zu beinhalten, denn die Ausgaben sind genau definiert. Mitarbeitern bieten sie eine konkurrenzlose Rendite bzw. einen konkurrenzlosen Faktor ohne große Risiken.

Nun zur dritten Zusatzleistung, die eine breitere Diskussion verdient: die Vereinbarkeit von Beruflichem und Privatem, ohne beides zu vermischen. Vorab: Wer dieses Thema unter den Rubriken »Familie und Beruf«

oder »Homeoffice« abhandelt, mag aktuelle Trends bedienen, wird der Sache an sich aber nicht gerecht, weil er viel zu kurz greift.

Mitarbeiter sind, jeder für sich, einzigartige Individuen mit sehr unterschiedlichen Talenten, Gefühlen, Vorstellungen, Einsichten, Wünschen etc., die eine Reihe von Rollen übernehmen [77], zum Beispiel Mutter oder Vater, Sportler, Vereinsschriftführer, Autofahrer, Tochter, Enkel, Hundehalter und eben auch Mitarbeiter, ausgerichtet auf eines der vielen Berufsbilder. Diese Aufzählung könnte man munter ohne Gefahr einer Wiederholung fortsetzen. Jeder füllt seine Rollen so aus, wie er es kann und für richtig hält, in jedem Fall aber immer etwas anders als jeder andere. Auch ihre Zusammensetzung einschließlich Prioritäten und Schwerpunkte variieren. Es gibt Konkurrenz zwischen den Rollen, nicht weil sie sich unmittelbar »ins Gehege« kommen, sondern weil sie um Zeit, ein knappes Gut, in Wettbewerb treten. Hier liegt der Schlüssel für die Vereinbarkeit jeder Rolle mit jeder anderen: Zeit geben, nicht nehmen, um das Konkurrieren um Zeit zu vermeiden oder zumindest zu entschärfen. Das gilt gerade und insbesondere für das Verhältnis Berufsleben versus Privatleben [78].

Die Lösung heißt »freie Arbeitszeitwahl«. Im Extremfall bestimmt der Mitarbeiter verbindlich seine tägliche Arbeitszeit, die Grundlage seines Entgeltes wird. Dies ist wohl eher eine theoretische Überlegung, weil sie in einer arbeitsteiligen Arbeitswelt nicht oder nur selten realisierbar ist. Es gibt aber moderatere Formen: Mitarbeiter wählen mit einem Vorlauf von mindestens einem Monat die Dauer ihrer täglichen Arbeitszeit für den Zeitraum von mindestens einem Monat. Mit der Genehmigung des Vorgesetzten wird die Wahl verbindlich und bestimmt die Höhe des Monatsgehalts. Der Mitarbeiter hat die Wahl zwischen acht, sieben, sechs und fünf Stunden täglicher Arbeitszeit. Da der EuGH tägliche Zeitprotokolle vorschreibt und Zeitsalden und Konten nicht im Interesse des Unternehmens sind, muss sich der Mitarbeiter strikt an seine Arbeitszeitwahl halten.

Natürlich ist nicht jeder Arbeitsplatz für eine solche Zusatzleistung geeignet, mit gutem Willen und gegenseitigem Vertrauen aber – so behaupte ich – sehr viele. Vielleicht müssen Ankündigungszeitraum, Mindestdauer der gewählten Arbeitszeit oder Bandbreite der täglichen Arbeitszeiten für Ihr Unternehmen geändert oder sogar Abteilung für Abteilung definiert werden; am Prinzip, den Mitarbeitern mehr Freiraum und damit Chancen für ein entspanntes Nebeneinander von Beruflichem und Privatem zu ermöglichen, ändert das nichts.

Während sich viele Unternehmen an Verpflegung und Betriebsrente herantrauen, schrecken sie vor einer liberalen Arbeitszeitwahl zurück; man traut sie sich nicht zu. Hier möchte ich Ihnen Mut machen, denn meine Erfahrungen sprechen eine andere Sprache.

Arbeitszeitreduzierungen haben für Mitarbeiter den Preis eines geringeren Einkommens, was als natürliche Bremse der Nachfrage wirkt, sodass kein zügelloser »Run« auf entsprechende Angebote erwartet werden muss. Gleichwohl bleiben die Tatsachen, dass Arbeitskapazitäten verloren gehen und die Organisation der Arbeit komplizierter wird. Dem gegenüber steht der große Vorteil, dass hoch qualifizierte Mitarbeiter im Unternehmen gehalten werden können, die ansonsten aufgrund privater Erfordernisse das Unternehmen hätten verlassen müssen. Per saldo überwiegen aus meiner Sicht die Vorteile für Firmen, sodass ich Ihnen gerade zu dieser Zusatzleistung nur raten kann [79].

Der Kunde und seine Wünsche haben Vorrang, auch vor noch so gut gemeinten Zusatzleistungen. Das ist das Prinzip. Sie können sich daran ohne schlechtes Gewissen halten, solange es der Arbeitsmarkt zulässt. Sobald jedoch »der Wind in Richtung Angebotsmarkt dreht« und knappe Arbeitsressourcen das Geschehen bestimmen, wird man Zurückhaltung gegenüber Zusatzleistungen ein Stück weit aufgeben müssen. Sie strahlen bei geschickter Wahl eine hohe Attraktivität aus, mehr als eine gleichwertige Gehaltserhöhung. Hier liegt der Nutzen, den man selbstverständlich gegen den Mehraufwand abwägen muss. Konzentrieren Sie sich bei Ihrem Angebot auf eine Zusatzleistung bis drei Zusatzleistungen, schaffen Sie mit deren Ausgestaltung einen besonderen Mehrwert für Ihre Mitarbeiter abseits von modischen Trends, vielmehr auf Substanz und Nachhaltigkeit ausgerichtet. Vermeiden

Sie einen Bauchladen von Leistungen mit überbordender Bürokratie. Bleiben Sie zurückhaltend, denn es gilt
auch hier: »Weniger ist mehr.«

5.5 Belanglos rituell

Das Leben, auch das betriebliche, »tobt« jeden Tag,
genauer jede Sekunde, Minute, Stunde. Nur Personalführung nicht, die konzentriert sich auf die jährlichen
Personal-, Zielvereinbarungs- und Zielerreichungsgespräche. Der Widerspruch ist offensichtlich.

Selbstverständlich findet auch Führung ständig statt,
nur nicht offiziell in Personalakten oder elektronischen
Speichern dokumentiert. Entscheidungen werden jeden Tag millionenfach getroffen, Ziele neu justiert,
Informationen weitergegeben, Fehler behoben, Lö-
sungswege für neu aufgetretene Probleme umrissen,
Ergebnisse notiert, Forschungsdurchbrüche gefeiert,
Lob und Kritik geäußert; das alles ist tägliche Füh-
rungspraxis, um es noch deutlicher zu sagen: Das ist
Führung. Sie ist hochkomplex, schnell, anpassungs-
fähig, variabel, interdisziplinär, entspannt, aber auch
emotional, und erfolgt fast immer über Kommunikation. Dabei ist es völlig offen, wer führt. Ich möchte
so weit gehen: Jeder führt, denn das Handeln eines
jeden löst Reaktionen aus, veranlasst zu weiterer
Handlungen bei Kollegen, Mitarbeitern und Führungskräften. Davon zu unterscheiden sind bestimmte Füh-

rungsaufgaben, wie ich sie in den Leitsätzen dieses Buches aufgezeigt und den Vorgesetzten zugeordnet habe. Sie sind in gewissem Sinne institutionell, haben eine klare Richtung. Die Führung und Steuerung des Tagesgeschäfts benötigt aufgrund der interaktiven vielschichtigen Beziehungen im Detail eine »Hin-und-her-Führung«, die insgesamt zu einem guten Ergebnis führt. Das funktioniert nur mit Freiraum, Erfahrung, Verantwortungsbewusstsein.

Von all dem, das ich gerade umrissen habe, also von der Wirklichkeit, finden Sie in den Hochglanzbögen für Personalgespräche, Entwicklungen, Beurteilungen, Zielfindungen, Zielerreichung etc. nichts. Und deshalb sind sie belanglos. Das wissen sowohl Vorgesetzte als auch Mitarbeiter. Darum werden entsprechende Formulare nur mit »spitzen Fingern« angefasst und lieblos und oberflächlich ausgefüllt, eben als lästige Pflichterfüllung gesehen, und dies nicht zu unrecht. Dass Mitarbeiter nicht sinnvoll über Ziele geführt werden können, wurde in diesem Buch bereits mehrfach angesprochen, und selbstverständlich auch, dass die damit einhergehenden Bonussysteme Geldverschwendung sind. Aber auch die jährliche Beurteilung hat ihre Tücken. Tritt ein Fehler auf, muss er sofort angesprochen werden. Wartet man bis zum jährlichen Beurteilungsgespräch, wirkt das nachtragend und verfehlt seine Wirkung. Das gilt mutatis mutandis natürlich auch für positive Beiträge.

Um die jährlichen Personal-, Beurteilungs-, Entwicklungs- und Zielgespräche aus der faktischen Bedeutungslosigkeit des Dornröschenschlafs in Personalakten und anderen Speichermedien zu befreien, wird die Wichtigkeit der Gespräche betont. Personalentwickler schreiben Durchführungsrichtlinien, wonach der Vorgesetzte sich ausreichend Zeit für ungestörte Gespräche nehmen, für eine entspannte Atmosphäre sorgen, die Ernsthaftigkeit nicht vernachlässigen und den Mitarbeiter frühzeitig und offiziell einladen soll. Die Gespräche werden zum Ritual hochstilisiert und mit drei Unterschriften protokolliert. Ziele dürfen nicht mehr das Tagesgeschäft berühren, sollen übergreifend und mit Gewicht ausgestattet, vom Mitarbeiter wesentlich beeinflussbar und idealerweise in einem Jahr unverändert erreichbar sein. All diese Bemühungen und Vorgaben bringen wenig, um nicht zu sagen, nichts, denn die Grundproblematik der Realitätsferne bleibt. Man produziert Bürokratie, mehr nicht. Schaut man sich die Ergebnisse der vielen Gespräche an, staunt man über Qualität und Potenzial der Mitarbeiter, alle überdurchschnittlich. Eine Krähe hackt der anderen kein Auge aus. Man weiß nicht, wer wen in der Zukunft noch wie benötigt.

Die angesprochenen Instrumente der Personalarbeit sind häufig anzutreffen. Diese haben alle mit dem Makel zu kämpfen, mit der Wirklichkeit nichts zu tun zu haben. Sie werden zum jährlichen Ritual ausgebaut, binden knappe Ressourcen und ziehen fälschlicherweise die Aufmerksamkeit auf sich, bleiben aber ohne

Belang. Das sind die falschen Signale an den Mitarbeiter.

Aufgrund seiner ökonomischen Tätigkeit unter Wettbewerbsbedingungen benötigt das Unternehmen Wissen über die Ergebnisse der Mitarbeiter. Das ist kein Thema, mit dem man sich einmal im Jahr beschäftigt, es ist existenziell und bedarf der vollen Aufmerksamkeit, Tag für Tag, ohne dass das Unternehmen zur totalen und totalitären Kontrollinstitution mutiert. Das ist eines der Kunststücke guter Führung [80].

5.6 Gerichtsfest

Wenn Sie in der heutigen Zeit eine Toilette, zum Beispiel in einer öffentlichen Verwaltung, aufsuchen, fällt Ihnen immer häufiger ein Stück Papier unter Klarsichtfolie, befestigt an einer Wand im Waschraum, ins Auge, auf dem die Reinigungszeiten inklusive unleserlicher Unterschriften zu sehen sind. Die Reinigung wurde dokumentiert, schriftlich festgehalten! Wer möchte da noch etwas gegen die Sauberkeit sagen?

Selbstverständlich sagen solche »Dokumente« nichts über die Reinigungsqualität aus. Aber sie geben den Benutzern das gute Gefühl, hier wird etwas getan, und der erste Anschein spricht für eine mehrmals am Tag gesäuberte Toilette. Das muss man als Beschwerdeführer erst einmal widerlegen.

Mit diesem einfachen Alltagsbeispiel möchte ich den Einstieg in eines der großen Problemfelder unserer Zeit finden: der ungezügelten Dokumentationspflicht und -sucht, die natürlich auch vor der Personalabteilung und ihren Instrumenten nicht haltmacht.

Alle Industriezweige moderner Gesellschaften sind betroffen, allerdings unterschiedlich stark. An vorderster Front leidet das durch starke staatliche Einflüsse gekennzeichnete Gesundheitswesen. Dort müssen Ärzte und Pflegepersonal etwa fünfzig Prozent ihrer Arbeitszeit für die Dokumentation ihres Handelns, das Ausfüllen von Formularen, das Führen von Checklisten oder die besonderen Erfordernisse des Datenschutzes aufwenden. Hinzu kommen Berichte und Begründungen für fast jeden Schritt. Damit stellt sich dieser Industriezweig selbst ein Bein. Er leidet nicht an Ärztemangel und Pflegenotstand, weil es zu wenig Fachpersonal gibt, er setzt es massiv außerhalb des eigentlichen Berufsbildes ein: »Erst wird dokumentiert, dann operiert.« Das Fachpersonal ist frustriert, stöhnt unter dem Joch einer ausufernden Bürokratie und muss mit ansehen, wie sich die Ergebnisse verschlechtern, weil es an Zeit für Heilung und Pflege fehlt [81].

In anderen Industriezweigen ist es nicht ganz so schlimm, aber auch hier nehmen Kontrolle und Dokumentation ständig zu, und damit entfernt man sich ganz automatisch von seinem Unternehmenszweck, so wie es der beispielhaft beschriebene Gesundheitssektor vormacht. Es findet eine Fehlallokation knapper

Ressourcen in Richtung Bürokratie statt, ohne dass hiermit entsprechende Ergebnisverbesserungen einhergehen.

Persönlich hatte ich vor Längerem, ich bekleidete die Position Bereichsleiter Personal beim damals größten Porzellanhersteller Europas, das (zweifelhafte) Vergnügen, ISO 9001 kennenzulernen. Eine Ingenieurin war mit der Einführung beauftragt und führte ein Interview mit mir. Ich berichtete über die bis dahin gewählte Praxis der Zusammenarbeit in der Personalabteilung, die auf Vertrauen, Freiräumen und Verantwortung basierte. Eine Dokumentation, die sich auf das gesetzliche und betriebliche Minimum beschränkte, entsprechend der jeweiligen Situation festen, aber auch variablen Abläufen, flexiblen und kompetenten Mitarbeitern, die gute Ergebnisse erzielten, meinem Selbstverständnis, sowohl als Führungskraft als auch als Dienstleister der Mitarbeiter tätig zu sein und ihnen den Weg zum Erfolg zu ebnen, dem Vorrang der Sachkompetenz vor Hierarchiestufen. Um es kurz zu machen, das Gespräch wurde im weiteren Verlauf zum Desaster, weil zwei völlig unterschiedliche Auffassungen zur Arbeitsorganisation aufeinanderprallten. Die Abläufe der Personalabteilung passten nicht zur Idee ISO 9001. Für die Ingenieurin grenzte es an ein Wunder, dass die Personalabteilung überhaupt und dann auch noch in der Qualität funktionierte, obwohl sie zu dieser Zeit mit sehr schwierigen und umfangreichen Arbeiten außerhalb des Tagesgeschäfts betraut war. Für sie fehlten Positionsbeschreibungen (woher wussten die Mitarbeiter eigentlich zuvor, was sie zu tun hatten?), detaillierte Ablaufbeschreibungen, Checklisten, Kontrollmechanismen, Beschreibung und Abgrenzung der Verantwortlichkeiten, Vertretungsregelungen usw. Und das alles minutiös und schriftlich bitte! Sobald die Resultate jedem Mitarbeiter in einer Mappe festgehalten vorlagen, konnte die Zertifizierung nach ISO 9001 erfolgen. Die Ergebnisse der Personalabteilung verbesserten sich nicht, denn für die Zertifizierung und ihre laufende Fortschreibung wurden Ressourcen gebunden, die an anderer Stelle fehlten. Flexibilität und Freiräume gingen verloren, einige Personaler verließen das Unternehmen, es waren die Könner.

Diese Beispiele zeigen, dass Regulierung und Dokumentation nicht Problemlöser, sondern eher Problemverursacher sind, vor allem, wenn ihre Protagonisten diese zügellos vorantreiben dürfen. Obwohl man den Zusammenhang kennt, ist, so scheint es, gegen das weitere Wachstum von Regulierung, Dokumentation und Kontrolle, Letztere gerne als Hilfestellung per internem oder externem Audit daherkommend, kein Kraut gewachsen. Wie kommt das?

Menschen sind nicht nur freiheitsliebend, wie am Anfang dieses Buches postuliert, sie mögen auch Sicherheit. Ihre Neugierde treibt sie zwar immer und immer wieder zu Neuem, Unbekanntem und damit auch Unsicherem, aber nicht, weil Menschen dauerhaft in Unsicherheit leben möchten, sondern weil sie durch das Erleben und Erforschen aus Unbekanntem Bekanntes und damit aus Unsicherheit Sicherheit machen möchten [82].

Jedes Kind, jeder Forscher, jeder Erfinder geht so auf »Entdeckungsreise«.

Wer Sicherheit sucht, ist in der ökonomischen Welt von heute schlecht aufgehoben. Internationalität, Markttransparenz, schwindende Markteintrittsbarrieren und ein damit einhergehender starker Wettbewerb stellen Produkte, Lieferwege, Unternehmen und ganze Branchen immer wieder neu und in schneller werdender Abfolge infrage. Reflexartig greift das Management zu Maßnahmen, um Sicherheit zurückzugewinnen, in erster Linie für sich, aber auch für die Mitarbeiter. Nichts soll dem »Zufall« überlassen werden, ein Organisationsverschulden des Unternehmens ist ein Tabu. Und so wird der Instrumentenkoffer für mehr Sicherheit geöffnet. Heraus kommt immer wieder das Gleiche: Regeln, Handlungsanweisungen, Ablaufbeschreibungen, Organisationsrichtlinien, Unterschriftsregeln, Positionsbeschreibungen, Zeiterfassung, Kontrollen, Karrierepfade, aufwendige Planungsprozesse, Zuständigkeiten, Berichtslinien und, und, und; das Ganze selbstverständlich in einem Handbuch festgehalten. Manager gehen davon aus, dass sie mit ihren Investitionen in diese Instrumente mehr Sicherheit gegen Unvorhergesehenes schaffen können. Was man sich nicht eingesteht: Man steht auf verlorenem Posten. Die Zukunft ist unbekannt, selbst die nahe, da können wir investieren, wie wir wollen. Diese Hürde ist nicht zu nehmen.

Um dies zu verdeutlichen, führen wir uns ein einfaches Alltagsbeispiel vor Augen. Jeden Samstag werden die Lottozahlen gezogen. Das Ergebnis der Ziehung ist nicht vorhersehbar. Warum eigentlich nicht? Man trifft alle technischen Vorkehrungen, trotzdem klappt es nicht: Der Raum ist erschütterungsfrei, die Kugeln sind gleich groß und schwer und liegen immer an derselben Anfangsposition, der Fallmechanismus und die Drehbewegung der Glaskugel sind bei dem geeichten Ziehungsgerät bei jeder Ziehung gleich, die Rückwärtsdrehung erfolgt immer nach einer identischen Zahl von Vorwärtsdrehungen, die Raumtemperatur ist unverändert usw. Wir versuchen mit großem Aufwand sicherzustellen, dass die Ziehungsbedingungen jeden Samstag exakt identisch sind. Das müsste zu immer demselben Ziehungsergebnis führen, was nachweislich nicht stimmt. Dies ist darauf zurückzuführen, dass das, was ich zu den Ziehungsbedingungen geschrieben habe, falsch ist. Nichts ist identisch, wir messen nur nicht genau genug. Kleinste Abweichungen bei der Drehgeschwindigkeit und Temperatur, die Abnutzung der Kugeln durch Reibung etc. haben die große Wirkung, dass die Ziehungsergebnisse nicht vorhersehbar und selbstverständlich nicht gleich sind [83]. Die Ziehung der Lottozahlen stellt im Übrigen kein hochkomplexes, nicht lineares Modell dar, das man nicht durchschaut, der Sachverhalt ist viel einfacher: Die Anfangsbedingungen verändern sich unmerklich und führen zu immer neuen Ziehungsergebnissen. Das ist die Realität, wie sie uns an jeder Ecke begegnet und der wir nicht entfliehen können: eine unbekannte Zukunft mit inhärenter Unsicherheit.

Das Dilemma endet nicht mit den (Fehl-)Investitionen in mehr vermeintliche Sicherheit, es beginnt damit, denn alle Instrumente weisen in eine Richtung: den Freiraum der Mitarbeiter einzuschränken. Damit löst das Management seine Probleme nicht, im Gegenteil, diese werden verschärft, denn die Möglichkeit, auf Unvorhergesehenes spontan und angemessen zu reagieren, geht verloren. Man muss erst durch die Instanzen, Berichte anfertigen und warten, wie entschieden wird. So werden Probleme nicht gelöst, sondern auf die lange Bank geschoben [84]. Könner, die die Fähigkeit haben, Probleme zu lösen und Herausforderungen zu meistern, verlassen das Unternehmen, denn sie brauchen kein einengendes Regelwerk, sondern Freiräume. Das ist eine andere Welt!

Schließlich sollte man auf der Rechnung haben, dass eine lückenlose Dokumentation kein Ergebnis ist und auch keinen Beitrag dazu leistet. Mit einer Strategie der »Verregelung und Bürokratisierung« entfernt man sich systematisch vom Unternehmenszweck, von den Ergebnissen der Mitarbeiter und damit vom Unternehmensergebnis.

Für den technokratischen Managertyp ist es kaum vorstellbar, aber durch die aufgeführten Instrumente der vermeintlichen Sicherheit schafft man keine Sicherheit, man schafft sie im Gegenteil ab. Der umgekehrte

Weg hin zur Ergebnissicht, zu weitgehenden Freiräumen, zu Führungskräften, die sich als »Dienstleister ihrer Mitarbeiter« sehen, zu Vertrauen als Kernstück der Zusammenarbeit [85] schafft ein Unternehmen, das seinen Herausforderungen gewachsen ist, das Erfolg hat und hoch qualifizierte Mitarbeiter und Könner an sich binden kann.

Aber auch Regulierung, Dokumentation und Kontrolle haben ihren Charme. Sie wirken vor allem dort anziehend, wo es an Vertrauen fehlt. Hinzu kommt, dass man sich sehr gut hinter ihnen verstecken kann, denn man muss sich, etwas überzeichnet, nur an Regeln halten, um im Unternehmen zu überleben. Dies ist häufig bequemer, als hervorragende Ergebnisse zu liefern und dafür Verantwortung zu übernehmen. Einige Beispiele der Personalführung mögen dies verdeutlichen.

Zeiterfassung liefert die Anwesenheitszeit schwarz auf weiß. Was will man gegen das Engagement eines Mitarbeiters mit positivem Zeitsaldo sagen? Vor Gericht nicht viel; ein Arbeitsrichter sagte mir einmal außerhalb des Protokolls: »Zeiterfassung schafft gerichtsfeste Alibis.« Positionsbeschreibungen sind überholt, wenn sie veröffentlicht werden. Dennoch sind sie kaum abzuschaffen, wenn sie einmal eingeführt sind. Im Konfliktfall helfen sie oft, weil sie den Rückzug »Das gehört nicht zu meinen Aufgaben« erlauben. Beliebt sind auch Karrierepfade, in Schriftform natürlich, auch wenn sie aufgrund des Zukunftsdilemmas nichts wert sind. Interessanterweise schreckt das junge Mitarbeiter nicht. Unverdrossen legen sie Hoffnung in Karrierepfade. Das böse Erwachen kommt erst, wenn die Erwartungen nicht oder nicht schnell genug erfüllt werden können. Nicht selten endet der Karrierepfad dann abrupt mit einer Arbeitnehmerkündigung, und zwar bevor die Wanderung auf ihm begonnen hat.

Wie so häufig gibt es auch eine Kehrseite. Nicht nur der Mitarbeiter gewinnt eine formale Scheinsicherheit, auch das Unternehmen. Über seine Sicherheitsinstrumente schafft es sich eine hervorragende Ausgangslage in der Beweisführung, alles korrekt gemacht und allen Eventualitäten vorgebeugt zu haben. Kommt es zu Regelverstößen einzelner Mitarbeiter, kann es diese mit Dokumenten belegen und gegebenenfalls ahnden. Das hilft vor Gericht (nicht im Wettbewerb!) ungemein, denn hier sind Schriftstücke hochwillkommen.

Möglicherweise werden Sie sich am Ende dieses Abschnitts fragen, wie viele Regeln und Dokumente ich geschaffen habe und ob diese nicht auch mir nützlich waren. Meine Antwort lautet: sehr viele, aber ich habe auch gegen sehr viele gekämpft. Ich stelle nicht in Abrede, dass man Regeln, Dokumentationen und Kontrollen braucht. Aber: Vertrauen ist immer besser als Kontrolle. Regeln und Dokumente sollten alle kritisch auf den Prüfstand: Müssen sie tatsächlich sein? Fördern sie den Unternehmenszweck? Schaffen sie Erfolg? Seien Sie äußerst zurückhaltend bei allem, was den notwendigen Freiraum der Mitarbeiter zusätzlich einschränkt. Moderne Produktionsmethoden und Arbeitsteilung begrenzen hier bereits genug.

Es kommen genügend Bürokratieanforderungen von außen, lassen Sie umso weniger von innen zu.

5.7 Klippen und Fallen

Auf dem Gebiet der Personalführung das Richtige zu tun, heißt standhaft zu sein. Es gibt immer wieder Forderungen nach Maßnahmen, die vordergründig Sinn machen, tatsächlich aber in die falsche Richtung führen. Einige habe ich bereits in der Leitsatzdiskussion des vierten Kapitels angesprochen, diese werde ich nur noch streifen, andere sind neu und werden vertieft.

Die Forderung an Weiterbildung lautet: Abkehr von Mitarbeiterentwicklung im klassischen Sinn, die der Schwächenbehebung einen viel zu breiten Raum einräumt, und Hinwendung zur Persönlichkeitsentfaltung auf Basis eines konsequenten individuellen Stärkenausbaus und -aufbaus. Schon die Umsetzung dieser Neuorientierung ist nicht einfach. Es werden viele Argumente an Sie herangetragen werden, die eine Ausnahme begründen sollen. Ich würde hier über Zurückhaltung hinausgehen und entsprechende Anträge nicht genehmigen. Wenn überhaupt, kann ich mir nur eine generelle – also eine auch sprachlich Unbegabte umfassende – Förderung der englischen Sprache vorstellen, denn hier geht es streng genommen um die Unterstützung der Internationalität des Unternehmens, nicht um die Entwicklung von Mitarbeitern.

Sich mit Schwächen zu beschäftigen, hat eine starke Anziehungskraft auf Menschen, bieten diese doch die Chance auf Überlegenheit, gerade dann, wenn es nicht um die eigenen geht. Eine weite Spielwiese der angeblichen Überwindung von Mankos sind Gesprächszirkel, die unter dem Titel »lessons learnt« firmieren und regelmäßig Führungskräften und Mitarbeitern die Zeit stehlen. Ob intern oder extern moderiert, es entstehen regelrechte Jammerrunden, in denen man sich mit den Fehlern der Vergangenheit befasst. Ziel der Übung ist, wie sollte es anders sein, die angesprochenen Fehler nicht zu wiederholen. Das aber ist normal und bedarf keines speziellen Gesprächskreises.

Aus meiner Sicht sind »lessons learnt«-Seminare schon vom Ansatz her problematisch. Man blickt in die Vergangenheit, an der man nichts mehr ändern kann, und greift nicht etwa positive Beispiele heraus, sondern stellt Fehler in den Mittelpunkt, wo sie nicht hingehören. Fehlerdiskussionen ziehen die Verursacher in die Tiefe und lösen Unverständnis (völlig unerklärlich, wie das passieren konnte) oder Schadenfreude (auch der ist nicht vollkommen) bei den anderen Diskussionsteilnehmern aus. Fehler sind Teil des Lebens, der Arbeit; nicht umsonst sagt man: »Fehler sind menschlich«, gehören also zu uns. In den meisten Fällen ist nicht der Fehler das entscheidende Problem, sondern seine zögerliche Benennung oder sein Verschweigen. Im Kern geht es daher um Vertrauen zwischen Vorgesetztem und Mitarbeiter. Ist deren Vertrauensverhältnis intakt, kann der überwiegenden Zahl von Fehlern der Schreck durch frühzeitiges Erkennen und Ergreifen von geeigneten Maßnahmen zu deren Behebung genommen werden. Zudem ist die fachliche Kompetenz der Beteiligten für die Korrektur von Fehlern und ihrer Folgen entscheidend. »Lessons learnt«-Seminare schaffen kein Vertrauen und erhöhen die fachliche Qualifikation nicht. Deshalb auch hier: Seien Sie gegenüber »lessons learnt«-Gesprächszirkeln zurückhaltend. Aus meiner Sicht kann auf sie verzichtet werden.

Mit Vielfalt wurden und werden Unternehmen groß und erfolgreich. Vielfalt stört nicht, im Gegenteil, sie ist Bedingung. Jeder Mensch ist mit seinem Charakter und seinen Fähigkeiten ein Unikat. Schließen sich unterschiedliche Unikate zusammen, hier zum Arbeiten, entsteht Vielfalt, die Arbeitsteilung und damit moderne Produktionsverfahren sowie innovative Organisationen ermöglicht. Vielfalt ist ein entscheidender Lebensnerv der Arbeitswelt, ohne den Unternehmen nicht überleben könnten. Diese menschliche Vielfalt ist sehr viel komplexer als das, was heute unter dem Begriff »Diversity« verstanden und mit ihm verbunden wird. »Diversity« von heute stellt eine unzulässige grobe Vereinfachung von Vielfalt dar, denn es geht nicht um die Einzigartigkeit eines jeden Menschen und dessen grundsätzliche Möglichkeit, diese ins Unternehmen einzubringen, sondern um Quoten für bestimmte Mitarbeitergruppen. Vielfalt und Quoten sind keine guten Freunde.

Vielfalt basiert auf Freiheit. Man akzeptiert die Mitarbeiter als einzigartig und damit ihre Fähigkeiten, Gefühle, Erfahrungen und charakterlichen Eigenschaften, das heißt, man lässt diese zu. Grenzen setzen lediglich die Arbeitsteilung und -organisation, die Notwendigkeit des individuell positiven Beitrags zum Überleben des Unternehmens im Wettbewerb und der Respekt gegenüber anderen Beschäftigten.

Dagegen sind Quoten nur eine kleine Schnittmenge der Vielfalt, deren Diskussion zwar en vogue, hinsichtlich ihrer tatsächlichen Bedeutung aber nicht angemessen ist. Für Unternehmen sind Quoten unbedeutend, denn ihre Wirtschaftlichkeit wird durch diese nicht beeinträchtigt, trotzdem können Quoten für alle Beteiligten zum Ärgernis werden, für das Unternehmen, weil – je nach Ausgestaltung und Rigidität der Quotenregelung – die Freiheit der Stellenbesetzung eingeschränkt wird, für Begünstigte, weil sie sich diskriminiert fühlen und ihnen die Freiheit zum ungeteilten Erfolg genommen wird, für Dritte, weil sie benachteiligt werden und Optionen für die Karriere entfallen.

Es mag nicht in das Weltbild von Quotenbefürwortern passen, aber es gibt mehr Frauen, Ausländer, Behinderte etc., als man denkt, die durch eigene Kraft ihre Ziele erreichen und es als diskriminierend empfinden, wenn sie ihren Erfolg mit Quoten teilen müssen. Auf Distanz gehen selbstverständlich auch jene, die nicht durch Quoten protegiert, sondern in ihrer Entfaltung und ihrem Weiterkommen behindert werden.

Vor diesem Hintergrund kann ich nur äußerste Zurückhaltung gegenüber Quoten empfehlen. Dies setzt allerdings rigoroses Handeln bei jedem Anzeichen von Diskriminierung voraus; eigentlich eine Selbstverständlichkeit, auch ohne Quoten, mit ihnen im Hintergrund aber ein Muss. Die weiter oben angesprochenen Einstellungskomitees wirken übrigens als Mittel gegen Diskriminierung Wunder.

5.8 Preis der Freiheit

Freiheit begegnet uns neben Vertrauen an vielen Stellen dieses Buches. Sie zieht sich wie ein roter Faden durch die Kapitel, denn sie hat hervorragende Eigenschaften. Ohne Freiheit zur Forschung gäbe es keinen Fortschritt [86], ohne Freiheit zum wirtschaftlichen Handeln keinen Wohlstand. Freiheit kann aber noch mehr, wenn man sie mit Verantwortung koppelt, denn dann löst sie z. B. die meisten Probleme der Personalführung – also den Gegenstand dieses Buches – wie von selbst. Sie ist der Zauberstab der Personalführung, der es Ihnen ermöglicht, sich auf Weniges zu konzentrieren, zum Beispiel darauf, Arbeits- und Erfolgs-voraussetzungen zu schaffen, geeignetes Personal einzustellen oder der internen Bürokratie den Kampf anzusagen. Aber alles hat seinen Preis, so auch die Freiheit. Der besteht nicht allein darin, andere vor der eigenen Freiheit zu schützen (Fremdschutz), sondern auch sich selbst vor den Freiräumen anderer (Eigenschutz). Hier die richtigen Worte und Argumente zu finden, wird nicht einfach, insbesondere nicht für mich als Anhänger der Freiheit. Aber es muss sein. Erläutern möchte ich Ihnen die Notwendigkeit des Fremd- und Eigenschutzes anhand der Problemfelder »ständige Erreichbarkeit« und »Informationsüberflutung«, die mit dem Internet und dessen Begleitern Einzug bei fast allen Beschäftigten gehalten haben.

Etwas pauschal, aber kaum übertrieben behaupte ich, dass wir dem Internet, neuer Hardware in Form leistungsstarker PCs, Smartphones und Spielekonsolen, moderner bedienerfreundlicher Software sowie den Anbietern Sozialer Medien sehr offen und freundlich gegenüberstehen. Dies alles ist aus unserem heutigen Leben nicht mehr wegzudenken, denn es erfüllt auf besonders effiziente und umfassende Weise unsere Bedürfnisse nach Information und Kommunikation. Wir investieren persönlich viel Geld in moderne Medien, aber nicht nur wir, sondern selbstverständlich auch Unternehmen. So darf es nicht verwundern, dass sie nicht nur in unseren Wohnungen und Häusern Einzug gehalten haben, sondern auch beruflich mehr und mehr zu einem ständigen Begleiter werden.

Neue Medien erlauben den schnellen und gezielten Zugriff auf Informationen, nicht nur regional, sondern weltweit und prinzipiell fast von jedem Ort und zu jeder Zeit. Dabei geht es nicht allein um den Service von Suchmaschinen, sondern auch um unsere zum Beispiel per E-Mail verschickten Anfragen an Kollegen und Mitarbeiter von »nebenan« oder weltweit, sekundenschnell und ohne Versandkosten. Für Informationssuchende ergeben sich ungeahnte Möglichkeiten. Man möchte denken: der Himmel auf Erden.

Ganz so leicht ist die Sache selbstverständlich nicht, denn ein oder mehrere Adressaten der Anfrage müssen Zeit aufwenden, um die erbetenen Informationen zu liefern. Das ist der Preis, der bezahlt werden muss. Der Aufwand fällt bei anderen und natürlich auch bei uns selbst an, wenn Führungskräfte oder Kollegen umgekehrt um Informationen bitten.

Es geht aber nicht nur um Informationen, sondern auch um die Kommunikation, die über E-Mails abgewickelt wird, und mehr und mehr andere Korrespondenzmittel wie das Telefonat ersetzt. Auch hier liegen die Vorteile auf der Hand: Man ist nicht mehr auf die konkrete Erreichbarkeit des Adressaten angewiesen, und die Textform schafft dokumentierte Fakten, die im Zweifelsfall als Nachweis herangezogen werden können. Einmal mehr zahlen die Adressaten in Form ihrer Zeit den Preis.

Nicht nur Zeit, die die Adressaten im E-Mail-Verkehr aufwenden müssen, spielt eine Rolle, sondern auch eine steigende Ineffizienz, weil der Arbeitsfluss der Empfänger durch eintreffende E-Mails immer wieder unterbrochen wird. Auf dem Bildschirm des Computers erscheint der Hinweis auf eine eingetroffene E-Mail, man öffnet, es könnte etwas Wichtiges sein, dessen Beantwortung keinen Aufschub erlaubt. In den wenigsten Fällen ist es tatsächlich so.

Und damit kommen wir zur wirtschaftlichen Gretchenfrage: Sind die Effizienzgewinne der Neuen Medien höher als die Effizienzverluste, die mit ihnen einhergehen? Wenn wir es richtig anstellen, dürften die Gewinne die Verluste klar überflügeln. Schaut man sich allerdings den Umgang mit den Neuen Medien in Unternehmen an, beschleichen einen Zweifel, ob tatsächlich alles richtig gemacht wird. Verdeutlichen möchte ich das an zwei alltäglichen Problemstellungen.

Viele Mitarbeiter, insbesondere aber Führungskräfte, sehen die Neue Medien – und hier speziell E-Mails – nicht mehr uneingeschränkt positiv, sondern als Belastung, die vor Urlaub und Freizeit keinen Halt macht. Nicht selten müssen Mitarbeiter gegen eine Flut von 30 bis 80 E-Mails täglich ankämpfen. Außerhalb der Beantwortung von E-Mails bleibt nur wenig Raum zur (eigentlichen) Arbeit. Zwei, drei Stunden ungestört an einer Sache zu arbeiten, ist für viele Manager eine Wunschvorstellung, eine wehmütige Erinnerung aus einer längst vergangenen Arbeitswelt. Hinzu kommt, dass E-Mails die Uhr nicht kennen, sie kommen Tag und Nacht und harren auf Antwort. Sie dringen in die Privatsphäre der Mitarbeiter ein, ob diese wollen oder nicht. Mag man anfangs der Beantwortung von E-Mails um 22:00 Uhr vom heimatlichen Sofa aus oder sonntags aus dem Schwimmbad noch eine gewisse Coolness abgewinnen, so wird man unweigerlich umdenken, wenn im späteren Berufsleben die Rechnung in Form von unbesiegbaren Schlafstörungen oder anderen psychosomatischen Störungen präsentiert wird. Ein vor beruflichen Übergriffen ungeschützter Privatbereich steht zudem immer wieder Pate bei großen persönlichen Unglücken wie Scheidung oder Verlust eines ungezwungenen intensiven Umgangs mit den Kindern.

»Selbst schuld!«, höre ich den einen oder anderen rufen. »Warum lassen sich die Betroffenen von der E-Mail-Flut zu jeder Tages- und Nachtzeit auch so vereinnahmen? Nein, heißt das Zauberwort.« Da ist selbstverständlich etwas dran, aber die Realität ist komplexer, als man denkt, schafft doch auch ein beherztes »Nein« nicht unbedingt ein sanftes Ruhekissen. Der Erwartungsdruck an die Teilnehmer des E-Mail-Verkehrs ist hoch. Prompte Antworten sind Pflicht, möglichst innerhalb einer Stunde, in jedem Fall aber am selben Tag, soweit Zeitzonen keinen Strich durch die Rechnung machen. Wer hier nicht mitzieht, dessen Stern sinkt schnell, fehlt es doch an Verständnis für die moderne Kommunikation, an Schnelligkeit und Engagement. Der schlechte Ruf, »Eine Antwort von Herrn XY umgehend zu bekommen, ist mit einem Lottogewinn vergleichbar«, ist schnell erworben, aber nur schwer wieder abzustreifen. »XY« muss schon sehr gute Arbeit außerhalb der Neuen Medien leisten, um vor negativen Folgen geschützt zu sein. Überlastung ist hier übrigens kein Argument, zumal es die anderen Teilnehmer im E-Mail-Verkehr nicht wissen können.

Wer hat in Ihrem Unternehmen die Oberhand, der Könner oder der Kommunikator? Beide Eigenschaften müssen selbstverständlich kein Widerspruch sein, sind es aber in deutlich mehr Fällen, als Ihnen lieb sein dürfte. Der Könner beschränkt seine E-Mail-Teilnahme auf das unbedingt Notwendige, er formuliert ohne Umschweife, knapp und allein an der Sache orientiert, kein Satz ist zu viel. Er nutzt die Neuen Medien äußerst effizient für seine Anliegen. Seine Verteiler sind klein. Nicht jeder muss alles wissen. Rechtfertigungsverteiler benötigt er nicht.

Der Kommunikator als Gegenpol ist aus einem anderen Holz geschnitten. Eine Frage nur mit »Ja« oder »Nein« zu beantworten, kommt ihm nicht in den Sinn. Er gibt Begründungen. Auch seine Anfragen stehen nicht für sich, sondern werden wortreich untermauert. Der E-Mail-Verkehr ist seine Welt, hier fühlt er sich wohl, hier liegen seine Stärken. Er sichert Entscheidungen gerne ab, wählt breite Verteiler, beantwortet jede E-Mail am selben Tag, auch wenn es nur ein Zwischenstand ist, und lässt sich zu E-Mail-Zwischenrufen wie »Toll«, »Super gemacht«, »Herzlichen Glückwunsch« etc. hinreißen.

Allein diese beiden Beispiele zeigen, dass ein regelloser Umgang im Unternehmen mit den Neuen Medien zu wahrscheinlich erheblichen direkten und indirekten Kosten führt, der die eigentlich positive Bilanz der digitalen Welt ins Wanken bringt.

Die einfachste Lösung für mehr Effizienz im Umgang mit digitalen Instrumenten wäre eine ökonomische Variante, und zwar ein Preis, zum Beispiel in der Form, dass jeder Anwender pro versandte E-Mail einen bestimmten Betrag aus der eigenen Tasche zahlen müsste. Unnütze E-Mails wären von einem Tag auf den anderen vom Erdboden verschwunden, Mitarbeiter deutlich entlastet. Diese Preisvariante stößt leider auf nicht zu überwindende arbeitsrechtliche Hürden, sodass als Second-best-Lösung nur die Regelvariante bleibt, die allerdings direkt in die Freiheit im Umgang mit den Neuen Medien eingreift. Speziell für den E-Mail-Verkehr könnte das Regelwerk wie folgt aussehen:

»Jeder Mitarbeiter, der am E-Mail-Verkehr des Unternehmens teilnimmt, muss sich seiner Verantwortung für einen reibungslosen und effizienten Ablauf bewusst sein und entsprechend handeln, zur Entlastung anderer Teilnehmer genauso wie im Hinblick auf sich selbst.

E-Mails werden so kurz wie möglich verfasst.

Der Verteiler wird klein gehalten.

Es dürfen nur E-Mails mit sachlich wichtigem Inhalt versandt werden. E-Mails, die z. B. nur kollegiale Zustimmung beinhalten, wie »Super«, »Toll gemacht«, »Sehr gut« etc. haben im E-Mail-Verkehr nichts zu suchen. Auch reine Höflichkeitsbekundungen wie »Danke« oder »Bitte« müssen unterbleiben.

E-Mails dürfen nur zwischen 08:00 Uhr und 20:00 Uhr Ortszeit gesendet werden.

Mitarbeiter, die mehr als 30 E-Mails pro Tag zu beantworten haben, müssen sich mit ihrem Vorgesetzten in Verbindung setzen, damit Abhilfe geschaffen wird.

Im Urlaub ruht der E-Mail-Verkehr.

Die Einhaltung der E-Mail-Regeln gehört zu den wesentlichen Verpflichtungen aus dem Arbeitsvertrag.«

Regeln ohne Konsequenzen sind das Papier nicht wert, auf dem sie stehen. Das gilt selbstverständlich auch für das kleine vorstehende Regelwerk zum E-Mail-Gebrauch. Man muss sich also der Mühe unterziehen, mit Mitarbeitern, die die vorstehenden Bestimmungen nicht einhalten, zu sprechen und ihnen verdeutlichen, dass es dem Firmenwunsch entspricht, die Regeln einzuhalten. Wenn Reden nicht hilft, müssen härtere Konsequenzen ergriffen werden.

Wie man sieht, muss dem vernünftigen Umgang mit Freiheit hin und wieder an manchen Stellen mit kleineren Eingriffen auf die Sprünge geholfen werden. Überwiegend geht es um Selbstverständlichkeiten, deren Notiz gleichwohl notwendig ist, weil Mitarbeiter nicht aus bösem Willen, sondern aus Übereifer, Enthusiasmus oder überschäumender Energie Grenzen überschreiten. In der Handhabung bedarf es großer Sensibilität und großem Feingefühl, um umgekehrt Engagement und Freude an der Aufgabe nicht zu gefährden.

6 Abwechslung: zwei Fallstudien (zweiter Teil)

6.1 Eins

Für Hartmut und seine Firma brechen goldene Zeiten an. Das Auftragsbuch ist mit gut dotierten Aufträgen prall gefüllt. Er beginnt, vorsichtig zu expandieren. So übernimmt er im Laufe der Zeit vier Auszubildende, die sich durch die Bank bewähren. Er träumt davon, dass auch seine Kinder in den Betrieb einsteigen. Tatsächlich finden zwei seiner Kinder den Weg ins Unternehmen, aber mit mäßigem Erfolg: Seine Tochter hilft seiner Frau in der Administration, sein jüngerer Sohn schafft die Gesellenprüfung mit Ach und Krach und arbeitet anschließend auf weniger anspruchsvollen Baustellen unter Anleitung und Aufsicht. Sein älterer Sohn schlägt einen Weg außerhalb des Unternehmens ein.

Zunächst »verkraftet« der Betrieb die beiden Kinder. Die Auftragslage ist so gut, dass Hartmut den Wachstumspfad beibehält. Er stellt vom Arbeitsmarkt ein, muss aber Kompromisse bei der Qualifikation der neuen Mitarbeiter eingehen. Es kommt zu Fehlern, deren Behebung das Ergebnis der betroffenen Baustellen belastet. Zudem entstehen Neid und Missgunst zwischen den »Alt-« und »Neu«-Handwerkern. Zwei sehr gute Mitarbeiter aus der eigenen Ausbildung mit langjähriger Erfahrung verlassen das Unternehmen und können nicht gleichwertig ersetzt werden. Das

Unternehmen hat nunmehr fünfzehn Mitarbeiter. Hartmut ist sehr stark gefordert; er arbeitet rund um die Uhr, damit der Betrieb weiterhin rundläuft. Aber trotz seines Könnens und Engagements schlagen sich die Fehlerkosten immer bemerkbarer in der GuV nieder.

Gerade, als es »um die Wurst geht«, weil sich bei zwei größeren Projekten Probleme zeigen, erkrankt Hartmut. Er ist schlicht überarbeitet und braucht vier Wochen absolute Ruhe, um zu genesen. Danach muss er retten, was zu retten ist. Vertragsstrafen und weiter gestiegene Fehlerkosten wiegen schwer. Trotzdem schafft er es, beide Baustellen fachlich zu einem guten Ende zu bringen, aber nicht finanziell. Seine Hausbank rät ihm, seinen Betrieb zu verkleinern, um Kosten zu sparen. Mit seinem Anwalt berät er die Situation. Dieser erklärt ihm, dass er mit seinem Unternehmen in das Kündigungsschutzgesetz »hineingewachsen« ist. Für seine vorgesehenen betriebsbedingten Kündigungen bedeutet dies, dass sie die Kriterien der Sozialauswahl erfüllen müssen, wenn sie einer gerichtlichen Prüfung standhalten sollen. Insbesondere sein Sohn wird zur Achillesferse der Sozialauswahl. Hartmut entscheidet, dass er seinem Sohn auf keinen Fall kündigen wird. Mit dem Mut der Verzweiflung kündigt Hartmut fünf seiner Handwerker, er lässt sich allein von Leistungskriterien leiten, denn anders kann sein Unternehmen nicht überleben.

Drei Monate später liegen die Urteile des Arbeitsgerichtes vor. Seine Sozialauswahl war, nicht nur wegen seines Sohnes, fehlerhaft. Die Mitarbeiter bleiben, er muss für drei Monate Lohn nachzahlen. Das übersteigt seine aktuellen Möglichkeiten. Er gibt auf und schließt seinen Betrieb. Heute arbeitet er als hoch geschätzter Meister bei einem ehemaligen Konkurrenten, denn seine Fähigkeiten als Könner hat er natürlich behalten.

Ihm ist bewusst, dass er mit seinen Fähigkeiten und seinem Charakter zu den Stützen der Gesellschaft gehören könnte. Er hat es mit seinem Unternehmen über Jahre getan, heute sieht er sich nicht mehr in dieser Rolle. Er weiß, dass er Fehler gemacht hat. Insbesondere das schnelle Wachstum zulasten der Qualität der neuen Mitarbeiter war falsch. Er sieht die Schuld allerdings nicht allein bei sich, denn als er seine Fehler korrigieren wollte, waren die arbeitsrechtlichen Hürden für ihn zu hoch. Das Arbeitsrecht ist ein »Recht für Mitarbeiter«, nicht für »Unternehmer«, denkt er. Vor diesem Hintergrund freut er sich, als angestellter Meister heute auf der richtigen Seite zu arbeiten.

6.2 Zwei

Bevor ihr Vater etwas über die Lippen bringt, sagte Lara: »Ich mache es.« Und dann geht alles sehr schnell. Sie übernimmt den Vorstandsvorsitz zum 1. Februar 2000, zeitgleich ihr Vater den Vorsitz des Aufsichtsrats. Beide wollen gemeinsam das Unternehmen in den nächsten fünf Jahren zu altem Erfolg zurückführen.

Am 31. Januar sitzt Lara im Zug und reist zum Stamm-sitz des Unternehmens. Während der Fahrt lernt sie einen älteren Herrn, Jakob, kennen. Es sollte eine der wichtigsten Begegnungen ihres Lebens werden. Sie kommen ins Gespräch, an dessen Ende Jakob ihr das Buch »Parkinson`s law« mit den Worten überreicht: »Auch wenn das Buch schon etwas älter ist, so hat es an Aktualität nichts verloren, im Gegenteil. Ich glaube, es könnte Ihnen bei Ihrer neuen Tätigkeit helfen. Ap-ropos Helfen. Ich bin jetzt im Ruhestand. Wenn Sie Rat und Tat benötigen, rufen Sie mich gerne an.«

Einen Monat später nimmt Jakob seine Tätigkeit als Generalbevollmächtigter für »Personal und Neuaus-richtung« auf, nach einem halben Jahr steigt Jakob zum Vorstandsmitglied mit gleicher Funktion auf.

Drei turbulente, aber erfolgreiche Jahre liegen vor Lara und Jakob, an deren Ende folgende Ergebnisse stehen:

Das Unternehmen hat weiterhin drei Standorte. Die Personalzahl sinkt von insgesamt 3.500 auf 2.400, da-bei beinhaltet die Reduktion einen Schnitt innerhalb der Verwaltung von 500 auf 50 Mitarbeiter, der Ver-waltungsanteil geht also auf ca. zwei Prozent zurück.

Der Vorstand besteht nur noch aus zwei Personen, Lara und Jakob; es kommen acht Bereichsleiter hinzu. Zusammen bilden diese zehn Personen das Team, das den Konzern steuert. Alle haben für ihren Verantwortungsbereich weitgehende Befugnisse. Die Devise lautet: statt vier Augen zwei Augen plus Vertrauen.

Der Anteil aller Führungskräfte an der Belegschaft beträgt noch zehn Prozent. Das Organigramm beinhaltet vier Führungsebenen; es verändert seine Gestalt deutlich, denn es wird schmaler und um eine Ebene tiefer. Das ist Ausdruck der neuen Strategie: weniger Führungskräfte mit mehr Verantwortung.

Forschung und Design werden auf 50 Mitarbeiter fast verdoppelt. Eine Arbeitsgruppe wird sich in Zusammenarbeit mit bekannten Zulieferern um das Thema »neue Antriebe« kümmern. Eine strategisch richtige Entscheidung, die das Überleben der Unternehmensgruppe in der Zukunft sichern wird.

Der Vertrieb erfolgt zwar weiterhin über den Fachhandel, aber ein zweites Standbein mit einem eigenen Internetshop wird sukzessive aufgebaut und professionell ausgestaltet. Neben der Entwicklung alternativer Antriebe ist die Entscheidung für das Internet als neuen Vertriebsweg die zweite wichtige Entscheidung, die dem Unternehmen im Wettbewerb sehr helfen wird. Langfristig wird der Internetshop zum wichtigsten Vertriebskanal avancieren.

Die Fertigung ist dank Jürgen an allen drei Standorten in einem sehr guten Zustand. Es wird punktuell modernisiert, um auf der Höhe der Zeit zu bleiben. Personal kann bei leichtem Kapazitätsanstieg eingespart werden. Die Arbeitsproduktivität steigt nicht spektakulär, aber kontinuierlich, eine entscheidende Voraussetzung, um den stetigen Personalkostenanstieg verkraften zu können.

Die größten Veränderungen vollziehen sich allerdings auf den Gebieten Personal und Führung, also bei Jakob. Dieser vertritt die Auffassung, dass alle Funktionen möglichst unmittelbar dem Unternehmenszweck und damit dem Kunden dienen müssen. Ist das nicht der Fall, bedarf es einer kritischen Prüfung, in welchem Umfang die Funktionen erhalten bleiben können. Es geht dabei im Einzelfall selbstverständlich um Einsparungen, mehr aber noch um die Reduktion von Komplexität und um den gezielten Aufbau von Kompetenz im Sinne von »Können«, wie es mehrfach in Kapitel vier beschrieben wurde. Kurz erläutert geht Jakob wie folgt vor:

Er übernimmt in Personalunion die Funktion des Personalleiters. In einem ersten Schritt gibt er Aufgaben ab, die nicht notwendigerweise durch eigenes Personal erledigt werden müssen. Er hat das Glück auf seiner Seite und findet in der Region eine mittelgroße, sehr kompetente Wirtschaftsprüfungs- und Steuerberatungsgesellschaft, die das Finanz- und Rechnungswesen, die Steuern und die Entgeltabrechnung einschließlich Personaladministration übernimmt. Das Ganze geschieht auf der Basis der Software DATEV, die alle Verwaltungsbereiche abdeckt. Die Auslandsgesellschaften gehen parallel vor. Am Ende verblei-

ben 17 Mitarbeiter weltweit im Finanz- und Rechnungswesen, das operativ die Rechnungskontrolle, Rechnungslegung und Leitungsfunktionen beinhaltet und
gleichzeitig die Verbindung zu den Dienstleistern hält
und deren funktionale Steuerung innehat. Die Schwerpunkte des Personalwesens sind die in- und externe
Beschaffung, die Ausbildung und Qualifikation, die
Führung der eigenen weltweit 14 Mitarbeiter und die
Steuerung der externen Dienstleister. Die Aufgaben
des Controllings werden stark reduziert, sodass der
Konzern künftig mit fünf hoch qualifizierten Controllern
auskommt. Das gleiche »Schicksal« trifft die EDV, die
ebenfalls mit fünf Fachleuten auskommen muss. Ihre
Aufgabe heißt bis auf Weiteres nicht mehr Integration
und Abbildung aller Unternehmensbereiche in einer
Software, sondern bewusst zunächst Insellösungen
zu akzeptieren und insbesondere die Bereiche Produktion und Materialwirtschaft EDV-technisch weiter
zu modernisieren. Die restlichen Mitarbeiter der Verwaltung verteilen sich auf kleinere Dienstleistungs-
einheiten.

Diese Zäsur ist nur mit exzellenten Dienstleistern auf
der fremden und hoch qualifizierten Fach- und Führungskräften auf der eigenen Seite möglich. Beides
muss zeitgleich aufgebaut werden, um bei einer so
weitreichenden Organisationsänderung nicht im
Chaos zu versinken. Dies gelingt Jakob, aber es dauert zwei Jahre, bis man aus dem Gröbsten der Neuorganisation heraus ist. Jakob beginnt mit der Personalabteilung, und hier speziell mit der externen und

internen Beschaffung. Er sucht wirkliche Menschenkenner und findet letztlich drei. Die anderen drei
Recruiter sind bezüglich ihrer Fähigkeiten auf einem
niedrigeren Level, lassen aber Entwicklungspotenzial
erkennen. Mit diesem Kern der Personalabteilung
gründet er Einstellungskomitees und beginnt, die Belegschaft auf mehr und mehr Schlüsselpositionen zu
verstärken. Hohes Fachwissen, nachweislicher Erfolg
auch unter schwierigen Bedingungen, Akzeptanz der
radikalen Neuausrichtung der Organisation des Unternehmens und der Führungsgrundsätze sind die Bedingungen für die Führungskräfte von heute und morgen.
70 Prozent der neu zu vergebenden Stellen können
mit eigenen Mitarbeitern besetzt werden, 30 Prozent
vom Arbeitsmarkt. Die Einstellungskomitees sind ein
voller Erfolg und leisten eine bemerkenswerte Arbeit.
Um die erforderlichen Austritte kümmert sich Jakob
persönlich.

Nach zwei Jahren hat man personalpolitisch festen
Boden unter den Füßen, allerdings nicht nur durch
Einstellungen und Trennungen sowie Ausgliederun-
gen, sondern und insbesondere durch Schulung und
Coaching der Führungskräfte. Auch das übernimmt
Jakob in einem ersten Schritt selbst und stellt die
Veranstaltungen unter folgende Mottos: »Vertrauen
ist besser als Kontrolle«, »Mitarbeiter brauchen Er-
folg«, »Zufriedene Mitarbeiter arbeiten am Produkt«,
»Gesunde Unternehmen sind ein Segen«, »Der Kunde
ist König«, »Freiheit braucht Freiraum«, »Das Wesentliche ist schwer zu finden, aber überlebenswichtig«,

»Führungskräfte sind Dienstleister mit Macht«, »Der Mitarbeiter ist für sein Ergebnis verantwortlich, die Führungskraft für das Ergebnis ihrer Organisationseinheit«, »Wettbewerb ist Überlebenskampf«, »Ergebnis zählt, Leistung nicht«, »Produkte zählen, Zahlen zählen nicht.« Dieser Kanon von Trainings bildet die Grundlage für eine neue Führungskultur, die schrittweise ganz wesentliche Änderungen in den einzelnen Bereichen des Konzerns hervorbringt, von denen das Unternehmen profitiert. Die Einstellung und das Verhalten der Vorgesetzten drehen sich in Richtung der Leitsätze aus Kapitel vier.

Last, but not least werden Ausbildung und Hochschulmarketing zur zentralen Quelle des externen langfristig orientierten Recruiting des Konzerns entwickelt. Eine Entscheidung, die von Anfang an für neue und gute Kompetenz im Unternehmen sorgt und einige Jahre später darüber hinaus zu einem bedeutenden Wettbewerbsvorteil wird, weil qualifizierte Fachkräfte und Universitätsabsolventen immer schwieriger am Arbeitsmarkt zu finden sind.

Der Konzern gesundet schrittweise. Nach drei Jahren ist der Break-even erreicht. Nach fünf Jahren erwirtschaftet der Konzern einen Gewinn vor Steuern von 10 Millionen Euro. Unter Beibehaltung und Fortentwicklung seiner Grundsätze wird er zu einem innovativen, sehr erfolgreichen Mittelständler mit Weltgeltung auf seinen relevanten Märkten. Der Gewinn steigt weiter auf kontinuierlich etwa 20 Millionen Euro.

Lara scheidet 2005 als Vorstandsvorsitzende aus und wechselt als größte Einzelaktionärin mit 25,01 Prozent des Grundkapitals als einfaches Mitglied in den Aufsichtsrat. Auch 2019 hat sie diese Funktion noch inne. Die anderen Familienmitglieder fahren ihre Beteiligungen schrittweise auf unter 5 Prozent zurück, sodass der Weg zu einer Publikumsgesellschaft frei wird. Jakob übernimmt nach dem Ausscheiden von Lara für zwei Jahre den Vorstandsvorsitz und sucht in enger Abstimmung mit Jürgen einen neuen Vorstand, der aus drei Personen bestehen wird. Jakob scheidet 2007 aus, wird dem Unternehmen aber noch eine Reihe von Jahren mit seinen Seminaren und Coachings verbunden bleiben. Seine Veranstaltungen sind sehr beliebt und erreichen Kultstatus.

Lara promoviert an der Universität Freiburg und wird Richterin an einem Amtsgericht in Südbaden. Sie wird Mutter von zwei Söhnen und einer Tochter.

6.3 Quintessenz

Die Fallbeispiele zeigen das gleiche Muster auf und unterscheiden sich streng genommen nur durch unterschiedliche Unternehmen und Protagonisten sowie eine differierende Komplexität. Beide Unternehmen sind typisch für die deutsche Wirtschaft und bestimmen und prägen mit all den anderen Kleinbetrieben und Mittelständlern deren Struktur und Erscheinungsbild deutlich mehr als die 30 DAX-Konzerne, die vielleicht 20 Prozent der Wirtschaft ausmachen.

Beide Unternehmen machen zunächst alles richtig. Sie glänzen mit hervorragenden Produkten, stellen den Kunden bei ihrem wirtschaftlichen Handeln in den Mittelpunkt, lassen nur wenig Bürokratie zu und achten auf die Qualität ihrer Mitarbeiter, die sie mit Freiraum und Verantwortung ausstatten. Vertrauen geht vor Kontrolle.

Der Handwerksbetrieb scheitert an einer personalpolitischen Fehlentscheidung, nämlich Mitarbeiter geringerer Qualität einzustellen, um mehr Aufträge abwickeln zu können. Diese Strategie scheitert und führt zum Aus des Unternehmens. Richtig wäre eine Entscheidung gegen mehr Aufträge gewesen, solange die Belegschaft nicht mit sehr guten neuen Mitarbeitern aufgestockt ist. »Das ist ja wohl klar«, werden Sie möglicherweise denken. Aber so klar ist das in der Praxis nicht. Ich habe während meiner Laufbahn immer wieder erlebt, dass Qualitätsstandards für neue Mitarbeiter nach unten revidiert wurden, weil der Arbeitsmarkt nicht das hergab, was gebraucht wurde. Nach dem Motto: »Der Spatz in der Hand ist besser als die Taube auf dem Dach« begnügte man sich mit der zweiten Wahl, um wenigstens etwas Unterstützung für die zunehmenden Aufgaben zu erhalten. Ich habe keine Downgrade-Entscheidung bezüglich berechtigter Anforderungen an neue Mitarbeiter erlebt, die sich als richtig herausgestellt hätte.

Die Quintessenz ist eindeutig: Gehen Sie Ihren wirtschaftlichen Tätigkeiten nur mit guten Mitarbeitern nach, auf die Sie sich verlassen können. Verzichten Sie eher auf Wachstum, als dass Sie von dieser Maxime abweichen, denn das wäre unweigerlich Ihr Untergang. Das Leben besteht aus Kompromissen, an dieser Stelle jedoch nicht. Deshalb empfehle ich Ihnen in diesem Buch die Etablierung von Einstellungskomitees, die unabhängig agieren und dem Druck der Fachabteilungen standhalten.

Auch der Mittelständler des zweiten Fallbeispiels wäre fast an personellen Fehlentscheidungen gescheitert. Die neuen Vorstände sangen das Hohelied der Betriebswirtschaft und kreierten eine überbordende Bürokratie, die das Unternehmen an den Rand des Ruins brachte. Nur mit radikalen Einschnitten, wie sie die Eigentümerfamilie gemeinsam mit dem neuen Personalvorstand »Jakob« vornahmen, war das Unternehmen zu retten. Dies ist kein Votum gegen Erkenntnisse der Betriebswirtschaft, aber gegen von innen ohne Not erzeugte Bürokratie und gegen Führungskräfte ohne Maß und Mitte. Die Quintessenz lautet hier, dass das Wohl und Wehe eines Unternehmens an seinen Produkten und deren Fähigkeiten, für Kunden Nutzen zu stiften, hängt, an nichts anderem. Darauf muss die ganze Aufmerksamkeit gelenkt werden. Das ist der Kern, an dem niemand in einer Marktwirtschaft vorbeikommt.

Ich möchte noch einen Schritt weitergehen: Ich behaupte, dass jedes Problem und jeder Verlust menschengemacht ist, und zwar durch Entscheidungen von Organen, Führungskräften und Mitarbeitern, genauso wie jeder Erfolg und jeder Gewinn. Der Unterschied liegt nur darin, dass Erfolge und Gewinne viele Väter haben, Verluste und Probleme aber Waisen sind. Das dürfen Sie keinesfalls zulassen. Man muss Verantwortung im Guten wie im Schlechten übernehmen, sonst ergibt sich eine Kultur von Schönwetterkapitänen und Drückebergern, die langfristig nicht die Existenz des Unternehmens sichern können.

Nicht umsonst hatte ich am Anfang des Buches dargelegt, warum nicht Unternehmen Realität sind, sondern Mitarbeiter, Maschinen, Gebäude, Produkte etc., wobei Entscheidungen durch Mitarbeiter und Organe getroffen werden. Diese, und nur diese, sind in der Lage, negativen Auswirkungen vergangener Entscheidungen durch neue Entscheidungen und neue Ergebnisse entgegenzuwirken. Wer das begreift, wird auf Vertrauen und Gemeinsamkeit bei seiner Führung setzen, damit Fehler offenbart und nicht vertuscht werden und man frühzeitig und mit aller Kraft Gegenmaßnahmen einleiten kann. Ich möchte nicht verschweigen, dass das im Einzelfall eine Gratwanderung zwischen Geduld und Verständnis auf der einen Seite und Trennung oder Versetzung auf der anderen Seite werden kann, und zwar dann, wenn sich Fehler wiederholen oder häufen.

7   Dienstleister mit Macht?

Der preußische König Friedrich II., in die Geschichte eingegangen als Friedrich der Große und auch als »der Alte Fritz«, war ein Vertreter des aufgeklärten Absolutismus und umschrieb seine Aufgabe als Herrscher des Staates mit »erster Diener des Staates«. Er schuf den wohl modernsten, tolerantesten und erfolgreichsten Staat seiner Zeit in Europa, in dem viele Europäer wohnen wollten, wovon die erfolgreiche Ansiedlung von Fachkräften anderer Nationen mit ihren Familien zeugt [87].

Wie definiert eine Führungskraft ihre Aufgabe im Lichte des vorliegenden Buches heute? Gehen wir an den Anfang und erinnern uns, dass erfolgreiche Unternehmen ein Segen für alle Beteiligten sind, so wäre die erste und wichtigste Aufgabe einer Führungskraft, mit ihrem Verantwortungsbereich einen positiven Beitrag zum guten Ergebnis des Unternehmens zu leisten. Dafür erhält die Führungskraft institutionelle Macht und damit korrespondierende Verantwortung sowie ein überdurchschnittliches Gehalt. Halten wir fest: Eine Führungskraft verfügt über Macht und trägt, je nach Stellung, Verantwortung oder Teilverantwortung für den Erfolg des Unternehmens. Sie dient nach heutigen Überlegungen allerdings nicht, sondern stellt ihre Dienste in Form ihres Könnens und Wissens zur Verfügung. Ersetzt man in der Diktion von Friedrich II »Diener« durch »Dienstleister« und »Staat« durch

»Unternehmen«, so erkennt man, wie nah sich die Gedanken von damals und heute sind.

Es gibt noch eine weitere Parallele: Weder Friedrich II. noch Unternehmen und deren Führungskräfte sind demokratisch legitimiert. Damit enden allerdings die Gemeinsamkeiten.

Dass Unternehmen kein Hort von Demokratie sind, muss uns keine Sorgenfalten auf die Stirn treiben. Unternehmen haben, wie bereits mehrfach angeführt, die Aufgabe, Kundenbedürfnisse bestmöglich zu befriedigen. Wer dagegen dauerhaft verstößt, wird mit dem Marktaustritt »bestraft«. Der Kunde ist also letztendlich der Kontrolleur der Unternehmen, egal, welcher Branche diese angehören und welche Größe diese innehaben. In Marktwirtschaften funktioniert das, dafür lassen sich Millionen Beispiele finden. Andererseits benötigen Unternehmen ein Umfeld von Freiheit, in dem sie sich bewegen können, um erfolgreich zu sein. Und diese Freiheit finden sie in Demokratien, das heißt, Unternehmen benötigen die Demokratie mit ihren Freiheiten, auch wenn sie selbst nicht demokratisch organisiert sind. Neben dem Kunden zeigt der Staat mit seinen Gesetzen und Verordnungen den Unternehmen Grenzen auf. Das ist richtig und notwendig. Es gilt allerdings in der Tendenz, dass ein Unternehmen umso erfolgreicher ist, je mehr Freiraum ihm der Staat einräumt. Schaut man sich die heutigen Situationen in westlichen Demokratien an, wundert man sich, wie erfolgreich Unternehmen bei der Vielzahl von

Regeln, gepaart mit entsprechender Bürokratie, sind. Es wäre gut, wenn die öffentliche Hand Unternehmen als Freunde sehen und ihnen vertrauen würde, auch wenn es gegen den veröffentlichten Mainstream ist. Das würde Regeln sparen und den Wohlstand heben.

Auch Führungskräfte sind nicht demokratisch gewählt. Ihnen wird ihre Position durch die Geschäftsleitung oder Aufsichtsgremien aufgrund ihres Wissens und Könnens und damit ihrer Eignung übertragen. Positionen und damit Aufgaben, Verantwortung und Macht werden allerdings nicht nur gegeben, sondern müssen auch genommen werden, insbesondere dann, wenn das Ergebnis im relevanten Verantwortungsbereich nicht stimmt. Das Leben einer Führungskraft ist daher ambivalent. Während beim Bergsteigen auf einen erfolgreichen Aufstieg ein geplanter und in der Regel ebenfalls erfolgreicher Abstieg folgt, vollziehen Führungskräfte in der Praxis einen erfolgreichen Aufstieg, aber so gut wie nie einen geordneten Abstieg, sondern einen Absturz mit persönlich katastrophalen Folgen. Dabei ist das Abstellgleis noch die mildeste Konsequenz. Der Absturz kommt häufiger vor, als man denkt [88].

Mit der Ergebnisthematik kommen für Führungskräfte Mitarbeiter ins Spiel, denn die Summe ihrer Einzelergebnisse ist, vereinfacht ausgedrückt, das Ergebnis, für das der Vorgesetzte Verantwortung trägt. Im Kern ist es dieser einfache Zusammenhang, der Führungskräfte zur Mitarbeiterorientierung anhält oder, stärker formuliert, zwingt. Wie eine ergebnisbasierte Mitarbeiterführung aussieht, habe ich mit den Leitsätzen und deren Diskussion in Kapitel vier dargelegt. Dem einen oder anderen mag es nicht gefallen, dass die Mitarbeiterführung in diesem Buch von wirtschaftlichen Interessen gesteuert ist. Aber gerade diese Konstellation führt meines Erachtens zu einem tragfähigen Kompromiss zwischen Unternehmens- und Mitarbeiterbedürfnissen und zu einem Umfeld, in dem sich Mitarbeiter wohlfühlen und das Unternehmen überlebt.

Und wenn nicht? Was passiert, wenn Unternehmens- und Mitarbeiterinteressen konträr zueinanderstehen, zum Beispiel im Fall eines Personalabbaus? Dann gehen die Belange des Unternehmens und damit der Gemeinschaft vor. Einzelschicksale müssen, so schwer es auch ist, hinten anstehen. An dieser finalen Dominanz der Unternehmensbedürfnisse scheitern die meisten Führungskräfte und auch die deutsche Arbeitsrechtsprechung [89].

Bedingt das Überleben eines Unternehmens die alleinige ergebnisbasierte Mitarbeiterauswahl, sieht die Praxis einen klaren Überhang von älteren Mitarbeitern bei Kündigungen und Aufhebungen, weil eine scheinbare Win-win-Situation aller Beteiligten entsteht: Das Unternehmen geht Konflikten mit dem Betriebsrat aus dem Weg, indem es Aufhebungsverträge mit älteren Arbeitnehmern im Rahmen von Vorruhestandsregelungen schließt, damit den Betriebsfrieden wahrt und über die Aufhebungen Rechtssicherheit erlangt. Die älteren Mitarbeiter erhalten die Möglichkeit, sozial-verträglich und vorgezogen in den Altersruhestand zu wechseln. Schließlich bleiben den Führungskräften konfliktreiche Entscheidungen erspart.

Dieses »Paradies« des Personalabbaus ist eine Fata Morgana, denn natürlich gibt es Verlierer, auf kurze Sicht das Unternehmen, weil es massiv Expertise und Erfahrung durch den Weggang vorwiegend äl-terer Mitarbeiter verliert, den es bei einem größeren Personalabbau nicht gleichwertig ersetzen kann. Auf lange Sicht trifft es nicht selten alle Beteiligten, vom Eigentümer bis zu Führungskräften und Mitarbeitern, weil das Unternehmen nicht mehr wettbewerbsfähig ist, vom Markt treten muss und der Konkursverwalter jene Entscheidungen trifft, die Organe und Führungs-kräfte nicht treffen wollten.

Deshalb: Sollte es in Ihrem Unternehmen aktive Vorruhestandsregelungen geben, üben Sie große Zurückhaltung bei deren Anwendung; lassen Sie sich im Einzelfall dezidiert aufzeigen, wie der Ver-lust an Erfahrungen aufgefangen wird. So wie der Anfang der Tätigkeit nicht in die Hände des direkten Vorgesetzten gehört – Stichwort Einstellungskomi-tee – gehört auch das Ende nicht in sein Aufgaben-spektrum. Es wird durch Spezialisten der Personal-abteilung organisiert und durchgeführt, gegebe-nenfalls über eine Unternehmenskündigung sogar erzwungen. Der Vorgesetzte macht Vorschläge und begründet im Vorfeld. Achten Sie bitte darauf, dass die Frage des Wissenstransfers Gegenstand der Begründung ist.

Führungskräfte müssen geradlinige, integre Persönlichkeiten sein, die ihr Können für das Unternehmen einsetzen, um selbst einen positiven Beitrag zum Überleben des Unternehmens zu leisten. Sie müssen ihre Führungsaufgabe annehmen und jedem Mitarbeiter eine moderne Arbeitsumgebung bieten, die diese in die Lage versetzt, gute und sehr gute Ergebnisse zu erzielen. Der Erfolg der Mitarbeiter und deren nahe am Unternehmenszweck angesiedelte Aufgabe gehören zum Kern der Führungsaufgabe. Die Führungskraft muss in der Lage sein, Ergebnisse ihrer Mitarbeiter qualitativ und quantitativ zu bewerten. Sie ist zuständig für das Ergebnis ihres Verantwortungsbereichs und verfügt über die entsprechende Macht, geeignete Maßnahmen durchzusetzen, in letzter Konsequenz auch gegen den Willen einzelner oder sogar aller Mitarbeiter. Erstrebenswert sind solche Konfliktsituationen selbstverständlich nicht. Deshalb stehen an erster Stelle der Konsens und die Übereinkunft mit den Mitarbeitern und der äußerst sparsame Umgang mit Macht. Machtmissbrauch ist im Übrigen ein absolutes Tabu; wird dieser nachgewiesen, führt das zur sofortigen Versetzung oder Kündigung der Führungskraft, weil das Vertrauen an sensibler Stelle zerstört wird. Die Führungskraft vertritt die Belange des Unternehmens und gibt ihren Mitarbeitern den notwendigen Freiraum (Schutz vor Bürokratie) zur Realisierung guter Ergebnisse, stellt im Konfliktfall aber die Unternehmensbedürfnisse vor die der Mitarbeiter.

Eine Führungskraft wie oben beschrieben ist ideal-typisch. Sie können sich glücklich schätzen, wenn ihre halbe Führungsmannschaft den Anforderungen weitestgehend entspricht. Die andere Hälfte sollte schrittweise durch Trainings, Coachings und Vorbilder in die richtige Richtung gelenkt werden. Schwache Führungskräfte sollten neue Aufgaben ohne Führungsverantwortung im Unternehmen übernehmen. Die Verbesserung der Führungsmannschaft ist eine zentrale Aufgabe der Geschäftsleitung, es ist nicht sinnvoll, sie zu delegieren.

8 Zusammenhalt

Nicht selten arbeiten in Unternehmen viele Hundert, Tausend oder sogar Zehntausend Menschen, verteilt rund um den Globus in unterschiedlichen Zeitzonen, zusammen. Wie beschrieben kann nur der Mensch einen solchen Zusammenschluss erfolgreich vollziehen. Diese Möglichkeit beruht auf dem Abstraktionsvermögen des Menschen, das eine »Klammerfunktion« des Unternehmens erkennt und vor allem akzeptiert, sodass eine Zusammenarbeit zwischen sich fremden Mitarbeitern möglich wird. Unterstützt wird dies durch eine möglichst nahe Tätigkeit am Produkt (Unternehmenszweck), wodurch eine hohe Identifikation mit dem Unternehmen erzeugt wird.

Die beiden Komponenten Abstraktion und Identifikation sind notwendig, reichen allerdings für ein gedeihliches Miteinander nicht aus, denn sie decken nur die »Makroebene« ab. Hinzukommen muss als dritter Baustein die Höflichkeit. Diese ist Basis für eine friedliche und friktionsfreie unmittelbare Zusammenarbeit der Mitarbeiter (»Mikroebene«).

Das mag »verstaubt« klingen, und ist es in gewissem Sinn auch, denn Adolph Freiherr von Knigge hat bereits 1788 mit seinem grundlegenden Werk »Über den Umgang mit Menschen« [90] für das Zeitalter der Moderne die Wichtigkeit des höflichen Umgangs dargelegt. Die Aktualität erleidet hierdurch jedoch keinen

Abbruch, denn Höflichkeit ist bis heute das »Schmier-mittel« guter Zusammenarbeit. Mögen sich die Formen der Höflichkeit mit der Zeit auch ändern, ihre Wirkung für das Zusammenleben bleibt unverändert bestehen.

Kulturell sind Ausprägungen der Höflichkeit unter-schiedlich, das Empfinden für Höflichkeit aber nicht. Wenn ein Japaner mit seiner Vorstellung höflichen Verhaltens einem Europäer gegenübertritt, mag der Europäer nicht jede Verhaltensweise richtig deuten, der Gesamteindruck eines höflichen Verhaltens ist ihm aber möglich. Das gilt selbstverständlich auch umge-kehrt und auch in Richtung anderer Kulturen. Inter-nationalisierung, ein zentrales Thema unserer Zeit, braucht eine gemeinsame Plattform, um zu gelingen; mit einer Höflichkeitskultur bieten sich hier beste Mög-lichkeiten.

Ich höre den Einwand: »Wenn das mal so einfach wäre!« Ist es, und ist es nicht. Aber lassen Sie uns chronologisch vorgehen.

Jeder kennt höfliches Verhalten, aber nicht jedem ist Höflichkeit gleichermaßen in die Wiege gelegt. Des-halb ist es ratsam, sich auf einen Verhaltenskodex zu einigen, der Zuvorkommenheit sicherstellt. Für ein Un-ternehmen könnte er zum Beispiel wie folgt aussehen:

- Wir grüßen und verabschieden uns.
- Wir vergreifen uns nicht im Ton.
- Wir lassen ausreden.

- Wir sind pünktlich.
- Wir erheben uns, wenn ein anderer den Raum betritt.
- Wir bieten einen Platz an.
- Wir lassen uns nicht verleugnen.
- Wir sagen die Wahrheit und halten uns an Recht und Ordnung.
- Wir nutzen während eines Gesprächs das Mobiltelefon oder den Computer nur im Interesse des Gesprächsfortgangs.
- Wir nehmen zu Besprechungen keine Mobiltelefone oder Computer mit, außer sie sind für die Sitzung erforderlich.
- Wir behandeln uns mit Respekt.
- Wir fassen uns kurz, konzentrieren uns auf das Wesentliche und langweilen nicht.
- Wir verwenden die jeweilige Höflichkeitsformel der Anrede einer Sprache, im Deutschen also das »Sie«.
- Jeder Mitarbeiter hat einen Anspruch darauf, mit Nachnamen angesprochen zu werden.

Man kann diesen Katalog selbstverständlich abändern, verkürzen oder ergänzen.

Wenn man sich zur flächendeckenden Höflichkeit entschließt, deshalb zu deren Unterstützung einen »Benimmkatalog« wie vorstehend erarbeitet und als verbindlich veröffentlicht, überfordert dies niemanden, denn eigentlich geht es um Selbstverständliches. Aber das ist auch der leichte Teil des Unterfangens.

Schwieriger ist die Umsetzung, denn jede Regel benötigt im Falle des Verstoßes Sanktionen, sonst gerät sie in »Lebensgefahr«, da sie nicht mehr ernst genommen wird. Im Falle unseres Verhaltenskodex wird das Problem noch größer, denn ohne Sanktionen kommt es nicht nur zur Nichtbeachtung, sondern die Regeln drehen sich ins Verkehrte und man hätte besser geschwiegen.

Sie brauchen keine Unternehmensleitlinien, Codes of Conduct und Ähnliches, Sie benötigen streng genommen nur den Willen zur ausnahmslosen betrieblichen Höflichkeit und den Mut, bei Zuwiderhandlung für den Einhalt der Regeln zu sorgen. Und hier scheitern viele, denn wer trennt sich im Zweifelsfall von einem cholerischen, dringend benötigten Fachmann? Um diese Entscheidung beneide ich Sie nicht, aber auch hier gilt, wie wir bereits gelernt haben, das Ganze geht im Zweifel vor das Individuelle, wobei man eine solche Wahl selbstverständlich nur als Ultima Ratio anwenden sollte.

Leitlinien der Höflichkeit reichen aus, Unternehmensleitlinien und andere kolossale Regelwerke zur Unternehmenskultur können Sie getrost in den Schrank stellen und vergessen.

Anlagen

1. Rentenmodell: Kapital und Verzinsung

Der Mitarbeiter erhält das Angebot, Rentenbausteine zu kaufen. Diese setzen sich aus zwei Komponenten zusammen, dem nominellen Kapital, das der Mitarbeiter trägt, und einer sehr guten Verzinsung bis zum Rentenbeginn, die das Unternehmen übernimmt. Man kann das Modell so gestalten, dass die Zahlungen aus dem »Brutto« des Arbeitnehmers erfolgen und einschließlich Verzinsung zeitlich nachgelagert versteuert werden und der Pensionssicherungsverein für den entsprechenden Schutz gegen Ausfälle sorgt. Bietet das Unternehmen eine Verzinsung von fünf Prozent p. a., erhält der Mitarbeiter für einen Einsatz von 100 Euro bei einem Renteneintritt in dreißig Jahren einen Baustein in Höhe von 432 Euro; bei Verzinsungszeiträumen von zwanzig Jahren 265 Euro, zehn Jahren 163 Euro und einem Jahr 105 Euro. Um es noch anschaulicher aufzuzeigen, kauft ein Mitarbeiter über dreißig Jahre für 500 Euro monatlich Rentenbausteine, investiert er in seine Altersversorgung 180.000 Euro, über die fünfprozentige Verzinsung das Unternehmen in etwa das Gleiche. Zusammen ergibt sich ein Kapital, das für eine monatliche Bruttorente von 2.000 Euro einschließlich Dynamisierung von einem Prozent pro Jahr ausreicht. Das ist aber nur die halbe Wahrheit, denn die Belastung des Mitarbeiters liegt netto, also tatsächlich spürbar, bei monatlich ca. 300

Euro. Eine sehr interessante Anlage für den Mitarbeiter, die ihm im Alter hilft und in der Handhabung einfach und nachvollziehbar ist. Tritt der Mitarbeiter vor Rentenbeginn aus dem Unternehmen aus, werden die Rentenbausteine ohne Zinseszins neu berechnet und Grundlage einer unverfallbaren Anwartschaft und späteren Betriebsrente. Bezieht der Mitarbeiter vorzeitig Rente, werden die einbezahlten Rentenbausteine für den Zeitraum der vorzeitigen Rente um jährlich fünf Prozent gekürzt.

2. Rentenmodell: Geteilter Kapitaldienst

Hierbei handelt es sich um eine rückgedeckte Direktzusage, die zu gleichen Teilen von Unternehmen und Mitarbeiter bedient wird. Im Unterschied zu Variante 1 teilen sich nun Unternehmen und Mitarbeiter den Kapitaldienst, um gemeinsam eine gute Altersversorgung zu erzielen. Dabei votiere ich, wie bereits ausgeführt, dafür, die Einzahlungen der Partner immer hälftig zwischen ihnen aufzuteilen mit der Implikation, dass ohne Einzahlung des Mitarbeiters auch das Unternehmen keinen Zuschuss zur Altersversorgung gewährt. Das Unternehmen schaltet einen Dritten, in der Regel eine Versicherung, ein, die die Einzahlungen verwaltet und vermehrt. Vereinfacht gesagt zahlt das Unternehmen seine eigenen festen Beträge und die der Mitarbeiter bei der Versicherung ein und übernimmt die Überweisung der späteren Renten, wobei das nicht durch Eigenmittel, sondern durch Zahlungen der Versicherung finanziert wird. Bei diesem Modell liegt die Attraktivität nicht in der Rendite, sondern in der Kapitalbildung. Bedient ein Arbeitnehmer seine Altersversorgung wie in Variante 1 mit 500 Euro monatlich aus seinem Bruttoverdienst, bedeutet dies für ihn wiederum eine Nettobelastung von etwa 300 Euro. Durch den Zuschuss des Unternehmens ergibt sich eine Einzahlung bei der Versicherung von 1.000 Euro, der Faktor für den Mitarbeiter liegt also bei drei. Dieses Modell führt bei einem ausreichend langen Einzahlungszeitraum ebenfalls zu einer monatlichen Bruttorente von 2.000 Euro, sodass es ebenfalls hochinteressant und eine gute Grundlage für eine solide Absicherung im Alter ist, zumal der Pensionssicherungsverein auch hier gegen Ausfälle schützt.

3. Vorteile

Selbstverständlich können beide Modelle gerade im Hinblick auf die mit ihnen verbundenen Belastungen variiert werden. Für das Unternehmen bieten sie den großen Vorteil, keine unkalkulierbaren Risiken zu beinhalten, denn die Ausgaben sind genau definiert. Mitarbeitern bieten sie eine konkurrenzlose Rendite bzw. einen konkurrenzlosen Faktor, ebenfalls ohne große Risiken.

Anmerkungen

1. Die Begriffe Kunde, Unternehmer, Vorstand, Geschäftsführer, Mitarbeiter, Personalleiter, Bereichsleiter, Manager etc. werden geschlechtsneutral verwendet. Die alleinige Nutzung der männlichen Form dient ausschließlich der sprachlichen Vereinfachung und Förderung der Lesbarkeit.

2. Ulrich Schaefer, Eine Stunde Personalarbeit, BoD – Books on Demand, Norderstedt 2017.

3. Sowohl Unternehmen als auch Kunden verfolgen ihre eigenen Interessen. Sie sind im Rahmen der Gesetze in ihren Handlungen frei. Obwohl die Marktteilnehmer erkennbar und gewollt egoistisch handeln, führt dies nicht zu Chaos und Übervorteilung, sondern zu Wohlstand und Fortschritt, wie er über die allermeiste Zeit der Menschheitsgeschichte nicht möglich war. Diese Überlegenheit der Marktwirtschaft zeigte der englische Moralphilosoph Adam Smith eindrucksvoll in seinem grundlegenden Werk Wealth of Nations, 5. Auflage (Auflage letzter Hand), London 1789, deutsche Übersetzung: Der Wohlstand der Nationen, Hrsg. Horst Claus Recktenwald, 13. Auflage, dtv, München 2013, auf.

4. Nach der neuesten Rechtsprechung des Europäischen Gerichtshofs (EuGH) im Mai 2019 ist die Zeiterfassung für jeden Mitarbeiter vorgeschrieben, aber nur zur Protokollierung – und implizit

zur Kontrolle – und nicht als Führungsinstrument. Vergl. tagesschau.de/wirtschaft/eugh-arbeitszeiten-105.html, 14. Mai 2019.

5. Der Monopolpreis ist in der Regel höher als der Wettbewerbspreis, er liegt auf der Nachfragefunktion dort, wo die Preiselastizität eins ist.

6. Die Freiheit der Marktteilnehmer führt über den Wettbewerb zu einer unschlagbaren Effizienz des Wirtschaftssystems Marktwirtschaft und im Ergebnis zu einer Wohlstandsverteilung, die sich einem Pareto-Optimum annähert, d. h., eine Änderung der Verteilung ist nur zulasten anderer Markteilnehmer möglich. Das Pareto-Optimum ist nach dem italienischen Ökonomen Vilfredo Pareto benannt. Sein Hauptwerk »Manuale di Economia Politica« wurde 1906 veröffentlicht. Eine englische Übersetzung mit dem Titel Manual Political Economy, University Press, Oxford 2014, liegt aktuell vor.

7. Vergl. Yuval Noah Harari, Eine kurze Geschichte der Menschheit, 17. Auflage, Pantheon, München 2015, Seite 40; Robin Dunbar, Klatsch und Tratsch, Bertelsmann, München 1998.

8. Die Möglichkeit der koordinierten Zusammenarbeit von einer sehr hohen Anzahl von Menschen ist einer der wesentlichen Gründe der Überlegenheit des Menschen gegenüber jeder anderen Spezies auf Erden.

9. Natürlich sind nicht nur Unternehmen »abstrakte Realität«, der wir in unserem Umfeld begegnen. Ein anderes Phänomen dieser Art ist Geld, egal,

ob Noten oder Buchgeld, und hier speziell der Wert des Geldes, in den die Menschen vertrauen, obwohl er nur abstrakt vorhanden ist. Real ist Geld heute so gut wie wertlos, Buchgeld allemal. Erst das Vertrauen in die Werthaltigkeit des Geldes macht es zum akzeptierten Tauschmittel und damit zu einem entscheidenden Faktor für eine erfolgreiche arbeitsteilige Weltwirtschaft. Der Abstraktionsfähigkeit des Menschen sei Dank!

10. Vergl. Yuval Noah Harari, Eine kurze Geschichte der Menschheit, 17. Auflage, Pantheon, München 2015, Seite 32 ff.

11. Vergl. Reinhard K. Sprenger, Das anständige Unternehmen, 2. Auflage, DVA, München 2015, Seite 22.

12. Vergl. Ulrich Schaefer, Eine Stunde Personalarbeit, BoD – Books on Demand, Norderstedt 2017, Seite 22.

13. Vergl. Ulrich Schaefer, ebenda, Seite 27 ff.

14. Selbstverständlich gibt es notwendige Aufgaben, die nur abstrakt und damit sehr indirekt mit dem Produkt (Unternehmenszweck) des Unternehmens in Verbindung stehen. Ich denke hier z. B. an das Rechnungswesen. Gleichwohl gilt auch hier das Prinzip: Das Unternehmen schafft die Voraussetzungen für die Erfüllung der Aufgaben, der Mitarbeiter erledigt seine Arbeit in eigener Verantwortung.

15. Diese Instrumente sind kontraproduktiv und viel zu teuer. Vergl. Reinhard K. Sprenger, Mythos Motivation, 17. überarbeitete und erweiterte Auflage,

Campus, Frankfurt 2002; Ulrich Schaefer, Eine Stunde Personalarbeit, BoD – Books on Demand, Norderstedt 2017, Seite 50 ff.; Georg Giersberg, Variable Einkommen sind ökonomischer Wahnsinn, Frankfurter Allgemeine Zeitung, Nr. 187, 14. August 2017, Seite 16 (Besprechung des Buches »Eine Stunde Personalarbeit«).

16. Oft musste ich, und wahrscheinlich auch Sie, folgende Sätze so oder ähnlich hören: »Frau … ist eine gute Mitarbeiterin, aber ihre Vorträge sind schwach. Sie benötigt dringend ein Seminar zur Präsentationstechnik.«, »Herr … kann sich als Führungskraft nicht richtig durchsetzen. Ein Führungsseminar würde guttun.«

17. Handwerkszweig und Standort der Firma spielen für die Fallstudie keine Rolle und werden daher nicht definiert. Das Gleiche gilt sinngemäß auch für Fallstudie zwei.

18. Das Buch »The Principles of Scientific Management« von Frederick Winslow Taylor wurde 1911 veröffentlicht und lieferte die Basis und Theorie unserer Industrialisierung, die zu einem nicht gekannten Wohlstand breiter Schichten führte.

19. Um sich zu vergegenwärtigen, wie – man muss schon sagen – gewaltig die Zunahme der Geschwindigkeit des technischen Fortschritts in den letzten hundert Jahren war, lohnt sich ein Besuch des Freilichtmuseums Hessenpark in Neu-Anspach. Dort findet man in einem alten Postamt den Telefonapparat W 28 (Wand), der 1928 eingeführt wurde. Dieser wurde zwanzig Jahre lang zum

Standard der Reichspost und fast unverändert gebaut. Das Gleiche gilt für das Nachfolgegerät W 48 unter der Ägide der Deutschen Bundespost. Heute bringen Weltkonzerne im Jahresrhythmus neue Entwicklungen hochkomplexer Mobiltelefone zur Marktreife und haben damit ein Milliardengeschäft kreiert.

20. Der Physiker Tim Berners-Lee erfand 1989 am Forschungszentrum CERN das Internet, das die Welt und vor allem die Ökonomie revolutionierte.

21. Nach meiner Erfahrung haben die meisten Unternehmen heute flache und breite Hierarchien mit viel zu vielen Führungskräften. Nur sehr langsam setzt ein Umdenken zurück zu etwas weniger »Breite« und etwas mehr »Tiefe« ein.

22. Im weiteren Verlauf verwende ich institutionelle und hierarchische Führung synonym.

23. Ich möchte damit keineswegs Führungskräfte abwerten, im Gegenteil, den Schlüssel für den Erfolg eines Unternehmens halten Führungskräfte in Händen, und zwar gerade wegen ihres hervorragenden Sachverstandes. Er steht bei der Aufgabenbewältigung nicht im Weg, sondern ist die Voraussetzung für die Lösung der Sach- und zumindest ein Stück weit auch der Führungsaufgaben, wie noch zu zeigen sein wird.

24. Schwierig wird es allerdings, wenn der Vorgesetzte mit seinem Sachverstand die Mitarbeiter »erdrückt«.

25. Könner sind sehr selten, aber natürlich nicht auf den Führungskreis beschränkt. Sie haben auf je-

der Hierarchieebene für das Unternehmen eine besondere Wichtigkeit und damit Bedeutung.

26. Die Folgen sind für Unternehmen fatal, vergl. im Einzelnen: Ulrich Schaefer, Eine Stunde Personalarbeit, BoD – Books on Demand, Norderstedt 2017, Seite 36 ff.

27. Vergl. tagesschau.de/wirtschaft/eugh-arbeitszeiten-105.html, 14. Mai 2019.

28. Bei einer gesunden Hierarchie führen sie achtzig bis neunzig Prozent der Mitarbeiter.

29. Im Kündigungsrecht spricht man nicht von ergebnis-, sondern von leistungsbedingt; ein sicheres Indiz dafür, dass einmal mehr der Input und nicht der Output des Mitarbeiters betrachtet wird. Sprache verrät!

30. Ausbildung wird hier als Oberbegriff verwendet, der sowohl die klassische »Lehre« für Schulabsolventen als auch die ersten beiden Jahre von Hochschulabsolventen als besondere Einarbeitungszeit (Traineezeit) umfasst.

31. Vergl. Reinhard K. Sprenger, Das anständige Unternehmen, 2. Auflage, DVA, München 2015, Seite 162.

32. Eine nach den Vorgaben des Arbeitsrechts durchgeführte leistungsbedingte Kündigung verlangt zunächst zwei Abmahnungen, eine Änderungs- und schließlich eine Beendigungskündigung, und das alles zum selben Thema. Der damit verbundene Prozess ist unmenschlich. Ich kenne keinen Mitarbeiter, der ein so »dickes Fell« besitzt, dass er eine solche Prozedur unbeschadet übersteht.

33. Ich belasse es hier bei dieser vereinfachten Darstellung. Wer in die Tiefe gehen möchte, dem empfehle ich einen einschlägigen Kommentar zum Kündigungsschutzgesetz, z. B. Linck, Krause, Bayreuther, Kündigungsschutzgesetz, 16. Auflage, München 2019.

34. Quelle: Bundesanstalt für Arbeit, eigene Berechnungen.

35. Das ist weit weniger hergeholt, als Sie vielleicht denken, denn etwas Ähnliches gibt es bei unserem Nachbarn Österreich. Dort spricht man allerdings nicht von Abfindung, sondern von Abfertigung.

36. Lars Vollmer, Zurück an die Arbeit, Linde, Wien 2016.

37. Vergl. hierzu auch Ulrich Schaefer, Eine Stunde Personalarbeit, BoD – Books on Demand, Norderstedt 2017, Seite 27 ff.

38. Vergl. ebenda, Seite 23 f.

39. Vergl. Cyril Northcote Parkinson, Parkinson´s Law and Other Studies in Administration, Houghton Mifflin, Boston 1957.

40. Zu Beginn der Neuzeit (16. Jahrhundert) wurde noch nicht so breit und tief geplant wie heute. Gleichwohl lebten große Unternehmen auch schon damals nicht allein im »Hier und Jetzt«. Es wurde geplant, zum Beispiel bei den Fuggern.

41. In Entwicklungsländern sieht das anders aus. Der US-amerikanische Autor Robert Neuwirth hat hierzu eine Dokumentation vorgelegt, die am 3. März 2016 unter dem Titel »Der Glanz der Schat-

tenwirtschaft« auf Arte ausgestrahlt wurde. Demnach erwirtschaften sogenannte Informelle, in Europa würde man Schwarzarbeiter sagen, in Afrika vier Fünftel des Sozialprodukts: Das sind auf ganz Afrika gerechnet 10 Billionen US-Dollar. Erwirtschaftet wird diese Summe von Kleinstbetrieben ohne Verwaltung, Dokumente, Steuern, Verträge etc. Häufig sind es Ein-Personen-Unternehmen. Interessanterweise sind die meisten Menschen mit ihrem Leben zufrieden und möchten wenig ändern. Die Wünsche sind pragmatisch: eine sichere Stromversorgung, die allgemeine Krankenversicherung und der Zugang zu Kleinkrediten, um Investitionen zu finanzieren. In vielen afrikanischen Staaten können aber auch diese bescheidenen Wünsche nicht erfüllt werden.

42. Kapitel fünf dieses Buches setzt sich kritisch mit den gängigen HR-Instrumenten und ihrem Einsatz auseinander und rät zur Zurückhaltung bis hin zu deren Abschaffung.

43. Näheres zur Umsetzung finden Sie in Kapitel vier dieses Buches.

44. Noch einmal: Ein Pareto-Optimum ist ein Zustand, bei dem es keine Möglichkeit gibt, ein Individuum besserzustellen, ohne ein anderes gleichzeitig schlechterzustellen.

45. Job-Börsen sollten auch bei internationalen Konzernen national konzipiert sein. So bleiben sie zielorientierter und effizienter. Werden Stellen hingegen grundsätzlich weltweit ausgeschrieben, können sich Personalabteilungen vor zu-

meist unbrauchbaren Bewerbungen nicht mehr retten. Es gibt nur wenige Positionen, die tatsächlich weltweit ausgeschrieben werden müssen.

46. Zwei Eigenschaften des Menschen, Neugierde und Vertrauen, spielen in der Wirtschaft eine herausgehobene Rolle. Deswegen begegnen sie uns an verschiedenen Stellen in diesem Buch immer wieder. Untersucht wurden diese Verhaltensweisen durch Verhaltensbiologen wie Konrad Lorenz, Irenäus Eibl-Eibesfeldt und Felix von Cube. Sie sprechen allerdings nicht von Eigenschaften, sondern von Trieben.

47. Vergl. Christoph Bartmann, Leben im Büro, Hanser, München 2012.

48. Ebenda, Seite 270.

49. Es gibt eine schier unüberschaubare Anzahl unterschiedlicher Arbeitsplätze mit wiederum differenten Gestaltungsmöglichkeiten. Aufgrund der sich daraus ergebenden Vielfalt entsteht eine Komplexität, die nach Vereinfachung ruft. Dem komme ich nach, indem ich mich bei meinen weiteren Ausführungen auf Verwaltungsarbeitsplätze konzentriere.

50. Vergl. hierzu auch und insbesondere die Ausführungen in Abschnitt 4.12.

51. Tätigkeitsanreize sind intrinsische, potenzielle positive Folgen extrinsische Motivatoren.

52. Vergl. Mihály Csikszentmiháli, Beyond Boredom and Anxiety. The Experience of Play in Work and Games, Jossey-Bass, Jubiläumsausgabe 2000 (1. Auflage 1975).

53. Vergl. Ulrich Schaefer, Eine Stunde Personalarbeit, BoD – Books on Demand, Norderstedt 2017, Seite 28 f.

54. Für »normale« Mitarbeiter sind solche Seminare der Todesstoß für das Engagement.

55. Mitarbeiter definieren ihre Gleichgewichte zwischen Privat und Beruf selbst und damit individuell und unterschiedlich. Steht im Einzelfall ein Gleichgewicht im Widerspruch zu den Ergebniserwartungen des Unternehmens, sollte man nicht versuchen, durch »Schieben und Zerren« am Mitarbeiter zu einem neuen Gleichgewicht zu kommen, denn dieses ist nicht mehr seins, sondern eines, dass das Unternehmen vorgegeben hat, also keins. Es ist besser, im Gleichgewicht mit einem neuen Job zu leben, als ohne Gleichgewicht im alten zu verbleiben; vor allem gesünder. Dazu gehört, sich anständig trennen zu können. Wenn Ihr Personalleiter dies beherrscht, binden Sie ihn an Ihr Unternehmen, denn mit dieser Fähigkeit leistet er einen sehr positiven Beitrag für Ihre Unternehmenskultur.

56. Wenn ich eins in meinem Berufsleben gelernt habe, dann das.

57. Ich behaupte sogar, vom Pioniergeist und Erfolg der Familie Ford profitierte und profitiert die ganze Welt.

58. »Noch einmal«, weil das anschließende Zitat bereits auf Seite 35 steht.

59. Siehe Anmerkung Nr. 31.

60. Vergl. hierzu auch die Ausführungen in Abschnitt 4.8 dieses Buches.

61. Wir messen heute anhand von Atomschwingungen die Zeit »genauer«, als die Erdbewegung ist. Gleichwohl ist sie Referenz unserer Zeitmessung geblieben, mit der Konsequenz, dass die »präziseren« Atomuhren (z. B. in Braunschweig) von Zeit zu Zeit kurzfristig angehalten werden, um wieder im Gleichklang mit der Erdrotation zu sein.

62. Vergl. Ulrich Schaefer, Eine Stunde Personalarbeit, BoD – Books on Demand, Norderstedt 2017, Seite 36 ff.

63. Der Betrag von einer Million Euro ist nicht in Stein gemeißelt, für 3.000 Mitarbeiter in Gleitzeit aber angemessen – ich würde sogar schätzen, eher unterdurchschnittlich – dotiert.

64. Vergl. auch Abschnitt 4.9 dieses Buches.

65. Selbstverständlich lässt sich der »eigene« Arbeitsplatz nicht überall vernünftigerweise realisieren: Ich denke hier z. B. an den Busfahrer, der keinen Anspruch auf *seinen* Bus hat, oder den Chirurgen, der nicht an *seinem* Tisch operiert usw.

66. Im Baugewerbe beispielsweise sind viele Arbeitsplätze außerhalb des Unternehmens, eben auf Baustellen. Aus eigener Erfahrung weiß ich, dass Montagemitarbeiter im Großanlagenbau ihr Unternehmen Monate und deutlich länger nicht von innen sehen. Das ist aber nicht nur ein Thema technischer Berufe, Ähnliches findet man z. B. auch bei Wirtschaftsprüfern oder Versicherungsmathematikern.

67. Selbst dezentrale Vertriebsorganisationen werden zurück ins Unternehmen geholt, um explizit die Zusammenarbeit und den Austausch zu fördern und zu verbessern, wie seit 2017 bei IBM zu beobachten ist.

68. Weitere Ausführungen finden Sie unter Abschnitt 5.4 dieses Buches.

69. In modernen Industrienationen ist dieser Zusammenhang sozial gelockert, z. B. durch Gehaltsfortzahlungen im Urlaub oder bei Krankheit.

70. Vergl. z. B. Reinhard K. Sprenger, Mythos Motivation, 17. überarbeitete und erweiterte Auflage, Frankfurt 2002.

71. Karl Popper tritt für eine offene Gesellschaft (liberale freiheitliche Demokratie) und gegen eine geschlossene Gesellschaft (totalitäre linke oder rechte Diktatur) ein. Inhärent fordert er zugleich eine wehrhafte Demokratie, die sich gegen ihre Feinde zu wehren weiß. Vergl. Karl Popper, Die offene Gesellschaft und ihre Feinde, Band 1: Der Zauber Platons, 8. Auflage, Mohr, Tübingen 2003.

72. Im Jahr 1744 gründeten die Geistlichen Robert Wallace und Alexander Webster eine Rentenkasse zur Versorgung der Witwen von Priestern der Presbyterianischen Kirche. Diese erhielt den Namen Scottish Widows und war damals ein kleines Privatunternehmen und Pionier mit einem Nischenprodukt auf dem Gebiet der Altersversorgung. Heute ist die private Altersversorgung eine der wichtigsten Zweige der Versicherungswirtschaft mit einem breiten Angebot von Leistungen

für jedermann. Die Rentenkasse der Herren Wallace und Webster entwickelte sich zu einer führenden Versicherung mit einem Vermögen von mehr als hundert Milliarden Pfund Sterling. Vergl. Niall Ferguson, The Ascent of Money, Penguin Press, New York 2008, Seite 185–198. Deutsche Ausgabe: Der Aufstieg des Geldes: Die Währung der Geschichte, Econ, Berlin 2009.

73. Mit langsam meine ich, dass es im Einzelfall Jahrzehnte dauert, bis man die Trennung von einer Zusatzleistung vollendet hat.

74. Die Beteiligung Unbeteiligter an der Finanzierung von Zusatzleistungen anderer ist eine wirkliche Ungerechtigkeit. Diese wäre nur zu verhindern, wenn alle Zusatzleistungen für Unternehmen steuerlich nicht absetzbar wären. Das wäre aus Gründen der Gerechtigkeit durchaus richtig, hat aber, das muss ich zugeben, theoretische Züge, denn eine solche Steuerreform fasst keine Regierung an, weil zu viele Einzelinteressen unmittelbar berührt wären.

75. Ich habe die Beendigung wichtiger Zusatzleistungen – Abschaffung Firmenwagen, Schließung Altersversorgungssysteme etc. – umgesetzt, und zwar aus Überzeugung, das Richtige zu tun.

76. Platz eins im Ranking der Führungsinstrumente teilen sich nach meiner Ansicht Höflichkeit und Vertrauen. Das Ende dieses Buches widmet sich explizit dem Thema Höflichkeit.

77. Zur »Rolle«, wie sie in diesem Buch angewandt wird, vergl. Ralph Dahrendorf, Homo Sociologi-

cus, 17. Auflage, Verlag für Sozialwissenschaften, Wiesbaden 2010, insbesondere Seite 31–59.

78. »Privat« wird hier als Sammelbegriff für alle Rollen außerhalb der beruflichen Tätigkeit verstanden.

79. Auch ein wichtiger gesellschaftlicher Vorteil ist mit der »freien Arbeitszeitwahl« verbunden. Gerade intelligente Frauen bekommen immer weniger Kinder mit der Konsequenz, dass ihre Erbanlagen verloren gehen oder sich auf dem Rückzug befinden. Für eine moderne wissensbasierte Gesellschaft, wie wir sie sind, wird dies auf Dauer zu einem handfesten Problem. Mit der »freien Arbeitszeitwahl« kann man diesem Problem ein Stück weit entgegenwirken.

80. Wie dieses Kunststück aus meiner Sicht realisiert werden kann, beschreibe ich in den zwölf Leitsätzen und deren Umsetzung in Kapitel vier des vorliegenden Buches.

81. Berichte zur Thematik einer immer weiter zunehmenden Bürokratisierung des Gesundheitswesens findet man in unregelmäßigen Abständen in verschiedenen Medien. Stellvertretend für viele sei hier auf »Mehr Papierkram, weniger Zeit für Patienten«, www.tagesschau.de/inland/datenschutz-hausarztpraxis-101.html, verwiesen.

82. Der von Konrad Lorenz beschriebene Neugiertrieb basiert genau auf dem Zusammenhang, Ungekanntes in Bekanntes umzuwandeln und damit Sicherheit zu erlangen.

83. Hilfe zur Erklärung der Phänomene im Zusammenhang mit variablen Anfangsbedingungen

liefert die »Chaostheorie« der Forscher Henri Poincaré und Edward N. Lorenz.

84. Manchmal lösen sich angeblich Probleme durch Zeitablauf, und die Strategie »Auf die lange Bank schieben«, Kenner sprechen auch von »lila = liegen lassen«, scheint von Erfolg gekrönt. Das hat sie aber nur bei Scheinproblemen. Man sollte sich also nicht auf sie verlassen.

85. Vertrauen entsteht nicht durch Seminare, Aussagen: »Ich vertraue ihnen« oder Ähnlichem, sondern durch jahrelange Zusammenarbeit, bei der man im wahrsten Sinne des Wortes »durch Dick und Dünn« gegangen ist.

86. Am 17. Oktober 2018 berichtete tagesschau.de, dass Deutschland in Sachen Innovationen auf Platz 1 in der Welt liegt. Vergl. tagesschau.de, Deutschland ist am innovativsten, www.tagesschau.de/wirtschaft/innovation-deutschland-101.html.

87. Davon zeugt noch heute das historische Holländische Viertel in Potsdam.

88. Vergl. hierzu auch Ulrich Schaefer, Eine Stunde Personalarbeit, BoD – Books of Demand, Norderstedt 2017, Seite 116 ff.

89. Die Arbeitsrechtsprechung hilft hier leider nicht, denn sie bietet lediglich das Instrument der Sozialauswahl an, das allerdings so »sperrig« ist, dass es kaum fehlerfrei angewandt werden kann. Hinzu kommt, dass die Resultate keiner Seite wirklich dienen; den Arbeitnehmern nicht, weil die Resultate mitnichten sozial sind, den Unter-

nehmen nicht, weil die Ergebnisse nicht auf deren Überleben abzielen.

90. Vergl. Adolph Freiherr von Knigge, Über den Umgang mit Menschen, ursprünglich in 1. Auflage erschienen 1788, neu verlegt: 2. Auflage, Nicol, Hamburg 2016.